Cléo Fante
Neemias Moretti Prudente
(orgs.)

Bullying
emdebate

Dados Internacionais de Catalogação na Publicação (CIP)
(Câmara Brasileira do Livro, SP, Brasil)

Bullying em debate / Cléo Fante e Neemias Moretti Prudente, (organizadores). – São Paulo : Paulinas, 2015. – (Coleção pedagogia e educação)

Vários autores.
ISBN 978-85-356-3799-1

1. Adolescentes 2. Bullying 3. Bullying nas escolas 4. Comportamento agressivo 5. Conflito interpessoal 6. Cyberbullying 7. Violência I. Série.

14-07382   CDD-370.15

Índice para catálogo sistemático:
1. Bullying : Prevenção : Educação   370.15

1ª edição – 2015

Direção-geral: *Bernadete Boff*
Editora responsável: *Roseane do Socorro Gomes Barbosa*
Copidesque: *Ana Cecilia Mari*
Coordenação de revisão: *Marina Mendonça*
Revisão: *Sandra Sinzato*
Gerente de produção: *Felício Calegaro Neto*
Capa e diagramação: *Jéssica Diniz Souza*
Imagem de capa: *© Luis Louro – Fotolia*

Nenhuma parte desta obra poderá ser reproduzida ou transmitida por qualquer forma e/ou quaisquer meios (eletrônico ou mecânico, incluindo fotocópia e gravação) ou arquivada em qualquer sistema ou banco de dados sem permissão escrita da Editora. Direitos reservados.

Paulinas
Rua Dona Inácia Uchoa, 62
04110-020 – São Paulo – SP (Brasil)
Tel.: (11) 2125-3500
http://www.paulinas.org.br – editora@paulinas.com.br
Telemarketing e SAC: 0800-7010081
© Pia Sociedade Filhas de São Paulo – São Paulo, 2015

SUMÁRIO

Prefácio 5

Apresentação 9

Recreio às moscas. Nota sobre o *bullying* nas escolas 13
ALEXANDRE MORAIS DA ROSA

Flagelos da modernidade: *cyberbullying* 23
ALEXANDRE VENTURA E CLÉO FANTE

Refletindo sobre *bullying* na educação infantil 51
CAROLINA GIANNONI CAMARGO

Bullying no ambiente escolar 79
CLÉO FANTE

Segurança pública e *bullying* 109
MARCOS ROLIM

O *bullying* no ambiente escolar: compreensão e enfrentamento 129
NEEMIAS MORETTI PRUDENTE

PREFÁCIO

Ser convidada para prefaciar este livro é um sinal de reconhecimento, de estima, de consideração. Reconhecimento por mais de uma década de dedicação aos estudos sobre o *bullying* no país.

Era o ano de 2000 e, enquanto esperava um voo para o Brasil, me vi diante de um livro que me chamou a atenção, não somente pela cor amarela da capa, mas, sobretudo, pela ilustração: duas crianças se atracando na presença de outras crianças e adultos, porém, ninguém dava importância. Seu título? *Conductas de acoso y amenaza entre escolares*, do autor Dan Olweus.

Logo nas primeiras páginas desse livro, entendi o significado do termo *bullying* e percebi sua gravidade. Não que tenha sido vítima ou autora de agressões em minha época escolar, mas me identifiquei prontamente como espectadora, se passiva ou omissa, até hoje não sei. No entanto, sei que tinha medo, e muito medo, dos valentões, que eram em sua grande maioria meninos.

Suas atitudes eram cruéis: ameaçavam os colegas sem motivo nenhum, amedrontando-os com respeito ao horário da saída. Batiam, empurravam, apelidavam, espalhavam boatos mentirosos, perseguiam... aprontavam. Quem era do grupo dos valentões estava salvo. Mas, quem fazia companhia para as vítimas ou as defendia, estava condenado. Era uma encruzilhada: Que caminho escolher? Contar para os professores ou para o diretor estava fora de cogitação; em casa, para os pais, também não dava. Tudo acontecia secretamente.

Ninguém ousava denunciar os valentões. A saída era ser imparcial, se fechar, se excluir, se tornar inexpressivo. Não se fazer notado em nenhum lugar da escola, muito menos no horário do recreio, onde tudo acontecia.

Assim como na ilustração do livro, todos ignoravam o que acontecia. Agiam como se nada soubessem. Estudantes, professores, funcionários da escola pareciam não ver nada. Talvez acreditassem que era coisa de criança mesmo.

No entanto, assim como muitos, eu sabia da humilhação, do medo, da raiva que muitos colegas sentiam. Eram sentimentos de impotência, inferioridade, insegurança, conformismo, os quais muitos devem carregar consigo até hoje.

Foi a partir do referencial teórico de Dan Olweus e de outros estudiosos que passei, então, a entender melhor o que já conhecia na prática. Porém, agora, era diferente. Sabia que essa forma de violência tinha nome: *bullying*!

No começo, confesso, não foi nada fácil. A maioria das escolas que procurava para realizar minhas pesquisas fechava as portas sob a alegação de que isso sempre existiu ou que era "coisa da idade, sem tanta importância". Outras diziam que ali "não tinha violência" e que os raros problemas que surgiam eram resolvidos no âmbito escolar ou com a presença dos pais. Poucas entendiam a relevância do problema. E foi com essas poucas escolas, cinco no total, que fiz a primeira pesquisa no Brasil, no interior paulista. E de lá para cá muita coisa aconteceu.

O resultado da pesquisa despertou o interesse da imprensa local e, aos poucos, o tema foi conquistando visibilidade no cenário nacional. De 2002 a 2004, implantei o Programa Educar para a Paz, em uma escola pública municipal. Os resultados foram exitosos, o que o tornou referência no país. Em 2003, publiquei o primeiro livro sobre o tema, *Fenômeno bullying: estratégias de intervenção e prevenção da violência entre escolares.*

A partir daí outros pesquisadores surgiram e novos enfoques foram dados à temática, o que pode ser visto em publicações de artigos e livros, por parte de psicólogos, psiquiatras, pediatras, sociólogos, operadores do Direito.

Além disso, instituições como a extinta Abrapia, Cemeobes, Plan International, Educar contra o *Bullying*, Iniciativa por um Ambiente Escolar Justo e Solidário, INOV, Observatório da Infância, Câmaras Legislativas, Escola de Pais, dentre outras, têm colaborado para que o tema *bullying* esteja na pauta de discussões em diversas esferas. Telenovelas, filmes, programas de entrevistas ou entretenimento também têm abordado o tema nos diversos meios de comunicação: rádio, TV, internet. Há discussão em escolas públicas e privadas para sensibilizar estudantes, profissionais, pais, resultando em campanhas de enfrentamento ao *bullying* e incentivo à cultura de paz.

Esse assunto também desperta cada vez mais interesse acadêmico, dando surgimento a cursos de capacitação, graduação e pós-graduação.

Por meio de legislações estão sendo desenvolvidas políticas públicas específicas contra o *bullying*. Dos 26 Estados que compõem a Federação, 12 deles já possuem leis em vigor e outros estão em discussão, assim como no Distrito Federal. Em nível nacional, existem três projetos de leis em debate. Dois deles recomendam que as escolas de ensino infantil e ensino fundamental desenvolvam programas de enfrentamento do *bullying* e promovam a cultura de paz no seu projeto político-pedagógico. A outra discussão é sobre a criminalização do *bullying*. Em nível municipal, muitas leis já foram aprovadas e muitas outras estão tramitando.

Em uma década de estudos sobre o *bullying*, já obtivemos muitas conquistas. Porém, há um longo caminho ainda a percorrer. A "cruzada contra o *bullying*" está apenas começando. O conhecimento nos conduziu até aqui e por meio dele alcançaremos todo o país.

Esse conhecimento foi para mim a mola propulsora, e o obtive através da obra, do autor, da fonte inesgotável de inspiração: Dan Olweus.

Bullying em debate – uma obra feita por vários autores e com enfoques diversificados – poderá ser para muitos uma fonte inesgotável de inspiração, pois traz reflexões preciosas acerca do tema. Profissionais de renome nacional e internacional como Alexandre Morais da Rosa, Alexandre Ventura, Carolina Giannoni Camargo, Cléo Fante, Marcos Rolim, Neemias Moretti Prudente darão aqui sugestões valiosíssimas para enfrentar o *bullying* que poderão ser utilizadas desde o ensino infantil até o universitário. Sob a luz das diversas ciências, os autores abordam os temas, *bullying*, *cyberbullying*, segurança pública, justiça, ensino infantil, justiça restaurativa.

Este livro pretende facilitar o melhor entendimento do tema, além de ser um convite para participar de um movimento que já dura uma década.

Erradicar o *bullying* das escolas brasileiras será a realização de um sonho. Sonho este que compartilhamos nesta obra e com todos aqueles que se proponham a colaborar nisso.

Registro, aqui, minha satisfação em participar deste livro e prefaciá-lo. Minha gratidão a todos.

CLÉO FANTE
Pesquisadora em *bullying* escolar

APRESENTAÇÃO

Todos os dias nós nos deparamos com cenas de violência. A violência nas relações pessoais parece estar tomando proporções incontroláveis. E isso está atingindo em cheio as escolas, que, infelizmente, acabam deixando de ser um ambiente seguro, de aprendizagem, modulado pela disciplina, amizade e cooperação, e se transformam em espaços onde há violência, sofrimento e medo. Novos termos estão sendo utilizados para problemas antigos, e o "fenômeno *bullying*" ou "*cyberbullying*" (quando praticados pela internet) é o assunto do momento.

O termo *bullying*, de origem inglesa, é utilizado para determinar um fenômeno (uma forma de violência escolar) bastante peculiar, com características definidas e que está em expansão; não indica um conflito normal ou uma simples briga entre estudantes, mas sim um tipo de comportamento que dá origem a ataques (físicos, psicológicos, sexuais), de forma intencional e repetitiva, contra alguém que, geralmente, não tem condições de se defender.

No Brasil, o *bullying* – e suas implicações no ambiente escolar – é ainda pouco conhecido ou compreendido à grande maioria da população. A própria produção acadêmica e técnica sobre o assunto é muito pequena, identificando-se raros pesquisadores, especialistas e autores preocupados em estudar suas especificidades. A maior divulgação do termo e de suas ocorrências tem se dado, nos últimos anos, através dos meios de comunicação de massas. As escolas, por sua vez, não demonstram estar preparadas para eliminar ou reduzir as ocorrências de situações específicas de *bullying*, inclusive não contemplam procedimentos de prevenção, controle e correção da violência que se manifesta em seu ambiente e nos arredores, tendo como protagonistas seus próprios alunos. Parece existir uma tendência de que, de um lado, este tipo de problema e sua solução não fazem parte da natureza ou da missão de uma instituição de ensino; e, de outro lado, os pais e familiares não se sentem responsabilizados pelos fatores desencadeadores da violência entre os estudantes. A responsabilidade é mutuamente atribuída, e esse "jogo de empurra-empurra" (de um lado, pais e familiares e, de outro, gestores, técnicos e professores) não propicia iluminar a questão e avançar em proposições preventivas e resolutivas.[1]

Já está mais do que na hora de todos tomarem consciência da importância do combate ao *bullying*. Somente desta forma poderemos despertar para criação de políticas capazes de prevenir o *bullying* e/ou minimizar os efeitos individuais e coletivos desse fenômeno.[2]

No entendimento dessa problemática, sobretudo no ambiente escolar, esta obra propõe, de forma clara e didática, um "debate" – uma discussão amigável entre duas ou mais pessoas que queiram colocar suas ideias em questão ou discordar das demais, sempre tentando prevalecer a sua própria opinião ou sendo convencido pelas opiniões opostas. Geralmente os debates são longos, e raramente se chega a alguma conclusão, porém, é uma prática considerada saudável, em que uma pessoa pode ver vários lados de uma mesma questão, tendo em mente a troca de ideias, sem que haja ofensas de ambos os lados.

---

[1] *Bullying escolar no Brasil*. Relatório final. São Paulo: CEATS/FIA, 2010.

[2] SILVA, 2010, pp. 119-120.

Dessa forma, o objetivo aqui é fazer reflexões e orientar os educadores (pais, professores e a sociedade como um todo) naquilo que mais os assusta e preocupa no ambiente escolar: o *bullying*, e dar suporte teórico para que discutam e apresentem instrumentos eficazes e alternativas à prevenção e ao enfrentamento do problema.

A presente publicação é resultado do processo de colaboração mútua. Aos (co)autores – *Alexandre Morais da Rosa, Alexandre Ventura, Carolina Giannoni Camargo, Marcos Rolim* –, portanto, nosso agradecimento pelas ideias e experiências proporcionadas: somos absolutamente gratos pelo carinho e, sobretudo, pela tolerância com nossas intolerâncias.

Aos leitores, esperamos demonstrar que o trabalho deve ser constante, sendo mais um tijolo na tentativa de edificação de um discurso para paz.

CLÉO FANTE E NEEMIAS MORETTI PRUDENTE
Organizadores

RECREIO ÀS MOSCAS. NOTA SOBRE O *BULLYING* NAS ESCOLAS

*Alexandre Morais da Rosa**

Um momento de aparente liberdade concede a sensação de que dali em diante o sujeito pode tudo, enfim, está livre das amarras da cultura, de suas imposições e, quem sabe, pode fazer o que quiser. Abre-se, assim, um espaço no qual uma exceção se apresenta. Mas nisso há um preço e um risco.

No caso do nosso livro, *O Senhor das Moscas*, cujo significante e faz lembrar de Macabeia e de sua mosca, que zunia ao dar a volta ao mundo em 28 dias, resta uma possibilidade de articulação entre os adolescentes, todos homens, liberados num espaço desprovido de adultos, professores e mulheres. Quem sabe esta imagem possa representar um recreio-intervalo de um colégio eminentemente masculino. Isso mesmo: busco aproximar a experiência da Ilha com a de um recreio que se inicia e termina pela saída e entrada de adultos, antecipo, armados até os dentes. Tanto na Ilha como nas escolas.

---

* Professor adjunto de Processo Penal na Universidade Federal de Santa Catarina (UFSC), juiz de Direito (TJSC), doutor em Direito pela Universidade Federal do Paraná (UFPR) e membro do Núcleo de Direito e Psicanálise (UFPR).

Nesses espaços – na Ilha do Senhor das Moscas e nos recreios das escolas – pode-se apontar aquilo que se chama hoje – americanizando o mundo – de *bullying*, entendido como atos de violência física ou psicológica intencionais e repetidos, praticados por uma pessoa (*bully* ou valentão) ou grupo de pessoas, com o objetivo de intimidar ou agredir uma outra pessoa ou grupo incapaz de se defender.

Devo, aliás, a Aline Pecharki a crítica certeira sobre o conteúdo moralizante do discurso do senso comum teórico (Warat) ou, mais precisamente, da rejeição da latinização da mesma manifestação, como acontece na Itália (*prepotenza*), em Portugal (violência entre pares) ou mesmo na França (assédio cotidiano). Aqui prevaleceu um modelo moralizante, em que se procura, com a intervenção, "consertar" ou "intimidar" o sujeito. Olhando bem de perto a proposta, é mostrar que o sistema de controle pode fazer mais *bullying* do que o agente do *bullying*. No fundo é a manutenção da lógica do mais forte e da violência, na busca da mirada burguesa da paz social.

Em *terrae brasilis* adotou-se a compreensão de uma cruzada contra o *bullying*, como se este fenômeno fosse uma novidade surgida atualmente e não a simples nominação do assédio, da injúria e da dominação sempre existentes e colocadas, até então, na conta de uma manifestação própria de violência: real, simbólica ou imaginária.

Não pretendo aqui ser um nominalista nem muito menos dizer que um novo batismo para o *bullying* pudesse surgiu *ex nihil*. Pelo contrário, o que se pretende aproximar, nos dois casos – do livro e do dia a dia –, é uma atividade decorrente da ausência de um ponto fixo na ordem simbólica, a saber, a ausência de uma dívida, de uma referência. Talvez não seja arriscado se dizer metaforicamente que "agora eu era o rei" e, agora, senhor? Bom, se num exercício imaginário pudéssemos imaginar o que aconteceria com os adolescentes após o final do livro, ou seja, quando retornassem para "civilização", por certo seriam todos colocados diante (escrevi delirante) do juiz da infância e juventude...

E a resposta estatal brasileira em face da verificação de um ato infracional é a aplicação de uma medida socioeducativa (advertência, reparação do dano, prestação de serviços à comunidade, liberdade assistida, semiliberdade e internação). A postura adotada, de regra, é a de salvação moral-comportamental dos adolescentes, via "conserto" de sua subjetividade. Busca-se, na grande maioria dos casos, movimentar o aparelho de controle social com a finalidade de "normatizar" o adolescente, desconsiderando-o como sujeito para tornar objeto de atuação.

Assim é que, após a queda, isto é, o ato infracional, organiza-se, assim, uma cruzada pela salvação moral do adolescente. Longe de buscar estabelecer um limite, como substituto paterno, a função materna acaba sendo incorporada pelo sistema de Justiça da Infância e da Juventude. Assim, lotados de boas intenções, claro, o juiz, o promotor de justiça, os advogados, a equipe interprofissional, todos, de regra, buscam agarrar o cajado e indicar o caminho da redenção ortopedicamente. Desconsidera-se, imaginariamente, que a adolescência é o momento do reencontro sempre traumático com o real do sexo, do desligamento dos pais, do conflito de gerações, num mundo em que impera a ausência de limites, naquilo que Melman[1] denomina "nova economia psíquica",

---

[1] MELMAN, Charles. *L'homme sans gravité*: jouirà tout prix. Paris: Donoël, 2002.

ou seja, em que, sem lei, gozar do objeto passa a ser o padrão social de atuação. Em um mundo de satisfação plena, felicidade eterna,[2] cuja maior dificuldade é "ser humano", sentir angústia, o ato infracional pode significar a pretensão de existir do adolescente. Pode ser o sintoma de que ali, no ato, o sujeito procurar resistir ou se fazer ver. A questão se agrava, de fato, no Brasil, porque, para a extragrande maioria, não há condições mínimas de subsistência e o agir, muito mais tranquilo para os adolescentes, é fomentado pelo laço social frágil (Bauman)[3], cada vez mais horizontalizado, no qual o Estado, que ainda exercia alguma função paterna, resta aniquilado pelo levante neoliberal.[4]

Esta sustentação do lugar adolescente, então, pode ser o indicativo de que o sujeito resiste. Evidentemente que demanda uma compreensão em sua singularidade. De qualquer forma, pode significar pelo menos duas vias: 1) a pretensão de gozar do objeto sem limites, conforme indicado por Melman e Lebrun,[5] a saber, numa estrutura perversa; 2) a resistência à

---

[2] ROUDINESCO, Elisabeth. *A análise do arquivo*. Trad. André Telles. Rio de Janeiro: Jorge Zahar, 2006, p. 49: "Faz da psicanálise uma escola de escuta das paixões da alma e do mal-estar da civilização, única capaz de frustrar os ideais filantrópicos e enganadores das terapias da felicidade que pretendem tratar o eu e cultivar o narcisismo mascarando a desintegração da identidade".

[3] BAUMAN, Zygmunt. *Amor líquido*: sobre a fragilidade dos laços humanos. Trad. Carlos Alberto Medeiros. Rio de Janeiro: Jorge Zahar, 2004.

[4] HAYEK, Friedrich A. *Direito, legislação e liberdade*. Trad. Anna Maria Capovilla. São Paulo: Visão, 1985; MIRANDA COUTINHO, Jacinto Nelson de. Jurisdição, psicanálise e o mundo neoliberal. In: MIRANDA COUTINHO, Jacinto Nelson de et alli. *Direito e neoliberalismo*; elementos para uma leitura interdisciplinar. Curitiba: EdiBEJ, 1996.

[5] LEBRUN, Jean-Pierre. *Un monde sans limite;* essai pour une clinique psychanalytique du social. Tolouse: Érès, 1997.

estrutura que lhe determina gozar do objeto sem limites. No primeiro caso, o laço social encontra-se, de regra, frouxo, livre, próprio do "homem sem gravidade", na mais ampla perversão, entregue ao consumo compulsivo do objeto indicado – pela propaganda que sorri –, na pretensão sempre falha de se completar. No segundo caso, contra tudo e todos, o sujeito busca um limite. Talvez encontre um substituto paterno interditando, se tiver sorte, como aponta Legendre,[6] com o cabo *Lortie*.

Entretanto, independentemente do que busca, na estrutura dos Juízos da Infância e da Juventude brasileiros acaba encontrando uma maternagem sem limites. Entenda-se que neste aspecto, longe de se buscar ouvir o adolescente, apontar um limite que não se pode transpassar, acontece um acolhimento deste na condição de vítima, com direito à exclusão de responsabilidade. E sem a responsabilidade de seus atos, pouco resta a fazer para que sustente um lugar. Pois, desconsiderando-o como sujeito de seu próprio futuro e sem responsabilidade pelo acontecido, a posição da justiça é a de chancelar o excesso.

A medida socioeducativa, ou seja, a resposta estatal brasileira, ao promover uma finalidade pedagógica, fomenta a normatização e a disciplina (Foucault[7]), no que pode ser chamado de "McDonaldização" das medidas socioeducativas, a saber, por propostas padrões que desconsideram, por óbvio, o sujeito e, especialmente, a existência de demanda para, em

---

[6] LEGENDRE, Pierre. *Lecciones VIII*: el crimen del cabo Lortie – Tratado sobre el Padre. Trad. Federico Álvarez. Madrid: Siglo Veintiuno de España Editores, 1994.

[7] FOUCAULT, Michel. *Résumé des cours (1970-1982)*. Paris: Gallimard, 1994.

nome da salvação moral, do bem do adolescente, proceder-se ao fomento de sua desubjetivação.[8] De regra, impõe-se tratamento, educação, disciplina, independentemente do sujeito, então, objetificado. Logo, sem ética. Na maternagem ilimitada e, muitas vezes, perversa, ao se buscar imaginariamente o sujeito, culmina-se com o afogamento de qualquer resto de sujeito que pretenda se constituir. Assim é que o estabelecimento de engajamento ao laço social exige, primeiro, que o sujeito enuncie seu discurso, situação essa intolerada pelo modelo fascista aplicado no Brasil. Sabe-se, com efeito, que qualquer postura democrática não pode pretender melhorar, piorar, modificar o sujeito, como bem demonstra Ferrajoli.[9] Caso contrário, ocupará sempre o lugar do *Outro*, do canalha.

Portanto, no Brasil, qualquer pretensão pedagógico-ortopédica será sempre charlatã, de boa ou má-fé. Resta, pois, no limite do possível eticamente, contra o senso comum social, respeitar o sujeito e com ele, se houver demanda, construir um caminho, sempre impondo sua responsabilidade pelo ato e o relembrando, ou mesmo advertindo, de que existe algo de impossível, algo que não se pode gozar. Nem nós, nem eles. Daí o papel, função e lugar da justiça. A cruzada pela salvação moral é estranha à democracia, como o inconsciente o é do orgulhoso cidadão da modernidade. Senão, como diz Agostinho Ramalho Marques Neto,[10] quem salva os adolescentes da bondade dos bons?

---

[8]   ROSA, Alexandre Morais da. *Introdução crítica ao ato infracional;* princípios e garantias processuais. Rio de Janeiro: Lumen Juris, 2007.

[9]   FERRAJOLI, Luigi. *Direito e razão*. São Paulo: RT, 2002.

[10]   MARQUES NETO, Agostinho Ramalho. O poder judiciário na perspectiva da sociedade democrática: o juiz cidadão. *Revista Anamatra*, São Paulo, n. 21, 1994, p. 50: "Uma vez perguntei: quem nos protege

Os adolescentes agressores, assassinos, seriam, assim, colocados em regime de medidas socioeducativas que procurariam apenas analisar o ato infracional (as mortes, as lesões, os crimes), sem que o laço social e as motivações de antes, durante e depois, pudessem ter a palavra, senão o grito abafado de uma compreensão de sujeito herdada da modernidade. Os nossos jovens habitantes seriam "consertados" imaginariamente numa instituição total qualquer, até que pudessem, enfim, amar o grande irmão, aderindo, assim, à cultura?

Daí o perigo dos discursos de paz por paz, alienados da dimensão humana, na esperança metafísica – e muitas vezes religiosa – de uma perenidade de humanos tornados anjos, imaginariamente. Este é um projeto inalcançável e que fomenta – muito de boa-fé – as atividades sociais. Procura-se, neste pensar, uma desubjetivação, com o apagamento da dimensão de negatividade do sujeito, de sua pulsão de morte. E aos adolescentes procura-se impor um padrão de subserviência alienada ao desejo dos adultos, tornando-os marionetes de um discurso opressivo sem sentido. Procura-se eliminar o sujeito humano que molesta.

Aceitar o sujeito é admitir que age sem o saber, movido por uma estrutura subjetiva singular, própria, embalada pelo princípio de morte, na eterna tentação de existir. Pode ser que ali, no ato infracional, no nosso caso, haja a tentativa de o sujeito adolescente se fazer ver, aparecer. A abordagem tradicional busca calar esta voz, não deixar o sujeito dizer de

---

da bondade dos bons? Do ponto de vista do cidadão comum, nada nos garante, *a priori*, que nas mãos do juiz estamos em boas mãos, mesmo que essas mãos sejam boas. (...) Enfim, é necessário, parece-me, que a sociedade, na medida em que o lugar do juiz é um lugar que aponta para o grande Outro, para o simbólico, para o terceiro".

si, de suas motivações, previamente etiquetadas e formatadas, por tipos penais. Há um sujeito no ato infracional. E é necessário que se dê voz para que ele se faça ver, dando-lhe a palavra, sempre. É com a palavra, com a voz, que o sujeito pode aparecer. A violência em nome da lei, imposta, simplesmente, realimenta uma estrutura de irresignação que volta, mais e mais.

Nesta abordagem se pretende mostrar que não se pode gozar tudo, pois há um impossível a se gozar em sociedade. Busca-se, ao inverso do discurso padrão, construir laço social, e não a imposição de um respeito incondicional kantiano que, por básico, opera na lógica: não discuta, cumpra. Neste mundo sem limites, sem gravidade (Melman), cabe indagar sobre nosso desejo de continuar e encontrarmos um caminho singular pelo Direito, o qual tem se tornado um instrumento da satisfação perversa do objeto. Isso não para tornar o adolescente mais feliz, sob pena de se cair na armadilha do discurso social padrão, mas para resistir apontando o impossível. Este é o desafio: articular ética e singularmente os limites, num mundo sem limites, pelo menos, em países do terceiro mundo, como o Brasil, com aqueles países que não se encontram na realidade da miséria.

Algumas escolas conseguiram acabar com o *bullying* mediante a extinção dos recreios! Isto mesmo: acabaram com o contato, e estão com isso ensinando que se deve amar o próximo a uma certa distância... A mensagem que isso passa é a de que os atores sociais que amam o Direito, a causa da infância e da juventude, os adolescentes, tudo no campo imaginário, odeiam gente, contato, proximidade.[11] Amam as

---

[11] WARAT, Luis Alberto. *O ofício do mediador.* Florianópolis: Habitus, 2001.

pessoas a distância, nos seus lugares, desde que os deixem em paz! A paz, muitas vezes do discurso consciente, contracena com o desprezo, a intolerância em relação ao outro. O encontro é similar à lógica do "amor cortês", no sentido de evitar o encontro com a "coisa", enfim, como no "amor cortês" é um falso amor, aqui, no caso dos adolescentes, é um falso respeito. Por detrás do discurso esconde-se, não raro, uma intolerância primordial. Evita-se o encontro ao máximo, com medo do trauma que daí advém, sempre. E quando acontece o encontro, por exemplo, com a violência, o conflito, a intolerância, impera a soberana. Por isso que Lacan (ética da psicanálise), ao afirmar que o *real* existe, mas é impossível, refere-se ao axioma: "ama o teu próximo", porque, para ser amado, ele deve permanecer a certa distância, sem encontro, pois, quando isto se dá, o trauma acontece.

É sobre este trauma que muitas vezes somos convocados a nos manifestar. A sociedade vive numa convivência a distância, um contato sem contato, sendo que os contatos são traumáticos por definição. Enfim, sem contato, sem pontos fixos, teremos paz, mas mergulhados no hedonismo autista-virtual que se avizinha.

Referências

BAUMAN, Zygmunt. *Amor líquido*: sobre a fragilidade dos laços humanos. Trad. Carlos Alberto Medeiros. Rio de Janeiro: Jorge Zahar, 2004.

FOUCAULT, Michel. *Résumé des cours (1970-1982)*. Paris: Gallimard, 1994.

HAYEK, Friedrich A. *Direito, legislação e liberdade*. Trad. Anna Maria Capovilla. São Paulo: Visão, 1985.

LEBRUN, Jean-Pierre. *Un monde sans limite*; essai pour une clinique psychanalytique du social. Tolouse: Érès, 1997.

LEGENDRE, Pierre. *Lecciones VIII: el crimen del cabo Lortie. Tratado sobre el Padre.* Trad. Federico Álvarez. Madrid: Siglo Veintiuno de España Editores, 1994.

MARQUES NETO, Agostinho Ramalho. O Poder Judiciário na perspectiva da sociedade democrática: o juiz cidadão. *Revista Anamatra*, São Paulo, n. 21, 1994.

MELMAN, Charles. *L'homme sans gravite*; jouirà tout prix. Paris: Donoël, 2002.

MIRANDA COUTINHO, Jacinto Nelson de. Jurisdição, psicanálise e o mundo neoliberal. In: MIRANDA COUTINHO, Jacinto Nelson de et alli. *Direito e neoliberalismo:* elementos para uma leitura interdisciplinar. Curitiba: EdiBEJ, 1996.

ROSA, Alexandre Morais da. *Introdução crítica ao ato infracional*; princípios e garantias processuais. Rio de Janeiro: Lumen Juris, 2007.

ROUDINESCO, Elisabeth. *A análise do arquivo.* Trad. André Telles. Rio de Janeiro: Jorge Zahar, 2006.

WARAT, Luis Alberto. *O ofício do mediador.* Florianópolis: Habitus, 2001.

FLAGELOS DA MODERNIDADE: *CYBERBULLYING*

Alexandre Ventura * e *Cléo Fante* * *

Introdução

Seja isso do nosso agrado ou não, as novas tecnologias da comunicação e da informação fazem parte integrante das nossas vivências. As pessoas que estão na vida ativa e que não utilizam nenhuma dessas tecnologias são frequentemente vistas como "seres" bizarros. De modo especial, os celulares e a internet invadiram praticamente todos os domínios da atividade humana. Seria uma catástrofe se, de repente, fossem interrompidas todas as comunicações mantidas por essas vias. As gerações, até os 25 anos, dos países chamados desenvolvidos cresceram num ambiente em que a importância das novas tecnologias foi se tornando cada vez maior.

Atualmente, é comum um adolescente ou um jovem ter celular (cada vez mais sofisticados, com câmera fotográfica

---

* Professor e pesquisador do Departamento de Educação da Universidade de Aveiro, Portugal.

* * Doutora em Educação, pesquisadora e consultora em *bullying*.

e acesso à internet), usar sistema de mensagens instantâneas para se comunicar com os seus amigos, para fazer prospecção de amigos, para namorar, utilizar uma webcam, participar em chats e em blogs, fazer trabalhos escolares consultando dicionários, enciclopédias, *wikis* e outros recursos on-line, e ter uma página com o seu perfil, fotos e vídeos partilhados, portfólio etc. numa das redes sociais da internet.

A este propósito, Walsh (2008: 23) refere que "os adolescentes usam os sites das redes sociais como uma extensão das suas vidas sociais e das suas atividades diárias". Para além disso, muitos deles utilizam computadores ou consoles eletrônicos para jogarem on-line, fazerem *download* de músicas e vídeos através da internet e realizarem compras dos mais variados artigos.

Segundo Prensky (2007: 3) "a essência do século XXI é criar e inventar – ferramentas, arte, vídeos, textos, programas, simulações – e partilhar esse material com um mundo cada vez mais interligado".

Muitas pessoas das gerações menos anteriores têm dificuldade em entender este novo paradigma tão diferente do delas. O fosso geracional, em termos dos modos de fazer, de aprender, de ensinar, do que dá prazer, do que vale a pena, é de tal modo grande que muitas vezes se assiste a um *diálogo de surdos* ou a um silêncio em que uma das partes ou as duas já desistiram de tentar se comunicar.

A investigadora da Universidade do Ohio, EUA, Christine Suniti Bhat, citada por Gallagher (2007), refere que no que diz respeito à utilização dos computadores há verdadeiramente uma diferença geracional e que "para as pessoas mais velhas, o computador é usado para pagar contas e para trabalhar. Mas, para os jovens, o computador é o eixo da sua rede social". Esse fosso geracional é terreno muito propício para que surja o *cyberbullying,* sem que os pais se apercebam.

Neste trabalho usamos a expressão *cyberbullying* para nos referirmos ao *bullying* perpetrado através de qualquer meio eletrônico que tenha como suporte a internet (correio eletrônico, chats, redes sociais, blogs, fotoblogs etc.) e *cellbullying*, quando se utiliza os celulares para assediar outra ou outras pessoas (Ventura e Fante, 2011).

No *cyberbullying* o praticante se utiliza de informações sigilosas ou mentirosas, de boatos maliciosos, de montagens fotográficas, de criação de vídeos com conteúdo sexual ou violento, de mensagens ameaçadoras e humilhantes. Criam perfis falsos, invadem a privacidade, postam mensagens injuriosas nas redes de relacionamento social, dentre muitas outras ações, que se multiplicam conforme a velocidade do mundo virtual (Fante, 2010: 17).

A internet e os celulares tornaram-se as novas arenas para o *bullying* no século XXI, e o efeito das novas formas de violência que estas tecnologias permitem pode ser bem mais devastador do que o *bullying* exercido pelos meios tradicionais.

Efetivamente, as vítimas de *bullying* poderiam ter algum sossego quando se encontram longe da escola. No entanto, com as novas tecnologias, nomeadamente a internet e os celulares, as vítimas podem ser alvo permanente de ataques, sendo que a exposição às humilhações ou difamações é de âmbito potencialmente planetário.

1. Cyberbullying

O *cyberbullying*, expressão criada pelo canadense Bill Belsey,[1] ou *bullying* eletrônico, ou ainda crueldade social

---

[1] Fundador e presidente do Bullying.org, Canadá. É o criador de www. bullying.org, um dos mais visitados e referidos sites sobre *bullying*,

on-line, está elevando o perigo e os efeitos do *bullying* a um novo patamar, em que ninguém pode sentir-se em segurança. A internet e os celulares permitem uma ubiquidade que pode verdadeiramente infernizar a vida das vítimas e expor a vexames 24 horas por dia.

Por outro lado, torna-se mais fácil para os perpetradores do *cyberbullying* manter o anonimato, caso seja essa a sua opção. Nas palavras de Schriever (2007: 10), "neste mundo instantâneo e frequentemente anônimo, os perpetradores não parecem temer a punição e comportam-se como se estivessem acima da lei".

Embora qualquer um possa ser um agressor em potencial e, também, por ocorrerem, sobretudo nas redes sociais, nos chats e nos blogs, fenômenos de imitação e de tomada de partido em face de ideias, políticas, religiões ou contendores opostos por parte de pessoas que não se conhecem e que provavelmente nunca na vida se encontrarão, nos casos de *bullying* "a maior ameaça tem origem em amigos ou conhecidos do usuário on-line" (Lines, 2007: 4).

Tal afirmação pode ser percebida por meio de dados obtidos na pesquisa da ONG Safernet, com dois mil adolescentes brasileiros: 30% deles tinham mais de 30 amigos virtuais; 24% fizeram amigos ou já se encontraram com pessoas que conheceram on-line, sem o conhecimento dos pais; 33% tinham algum amigo que já foi vítima de humilhação na rede (Fante, 2010).

---

do www.cyberbullying.ca, que foi o primeiro site sobre *cyberbullying*; da National Bullying Awareness Week do Canadá (www.bullyingawarenessweek.org), e do www.bullyingcourse.com, o primeiro site canadense a oferecer cursos on-line e seminários através da internet (webseminars) para pais, docentes e pessoas interessadas no fenômeno *bullying* e *cyberbullying* (Belsey, 2008: 18).

De acordo com o site do Public Safety Canadá (2008), o *cyberbullying* consiste no uso das novas tecnologias da informação e comunicação para "ameaçar fisicamente, assediar verbalmente ou excluir socialmente um indivíduo ou um grupo".

As novas tecnologias da informação e comunicação constituem assim um mero veículo com um potencial muito grande para exercer a intimidação ou a violência. Como em todos os casos que envolvem tecnologia, os problemas têm a ver com quem a utiliza. A eventual diabolização dos meios só servirá para distrair a atenção do verdadeiro problema: os seus utilizadores mal-intencionados.

Segundo Fante (2010), "a falsa sensação de impunidade e anonimato tendem a se agravar, resultando em riscos e prejuízos aos envolvidos, em especial às vítimas. Além dos danos morais e emocionais, corre-se o risco de que suas imagens atraiam pessoas mal-intencionadas, que podem utilizá-las na pedofilia e pornografia".

As vítimas de *cyberbullying* podem sentir um nível de intimidação muito maior pelo fato de muitas vezes não saberem quem as agride. O *cyberbullying* pode constituir um *upgrade* do *bullying* tradicional, fazendo com que a vítima se sinta ainda mais esmagada e impotente para reagir (Lines, 2007: 3).

Ainda segundo Fante, o *bullying* na internet pode ser classificado como um "fenômeno sem rosto", pois geralmente os autores não se identificam. Fato esse que piora a situação das vítimas e compromete as relações sociais, uma vez que os colegas se tornam suspeitos.

O *cyberbullying* é um fenômeno heterogêneo de parceria entre a modernidade das novas tecnologias e a ancestralidade do *bullying*. Segundo Lines (2007: 3), este fenômeno possui um conjunto específico de atributos, como se pode ver no quadro 1.

Quadro 1
Atributos do *cyberbullying*

- O agressor pode ficar anônimo.

- O agressor pode fazer-se passar por outra pessoa.

- As intimidações podem surgir de todo o lado, a toda hora, visto que se pode estar no ciberespaço em todo lugar e a todo momento.

- As intimidações podem assumir muitas formas no ambiente do ciberespaço.

- É ilimitada a capacidade para disseminação instantânea de palavras e imagens. Com o aumento do número de usuários de celular e com a diminuição da idade em que se inicia a sua utilização, ocorrem cada vez mais casos de *bullying* através de mensagens de texto. Para muitas crianças e jovens, o celular é considerado uma parte indispensável das suas vidas, é quase como uma extensão do seu corpo e da sua personalidade. É comum que crianças com 9 anos já tenham celular. E isso torna todos os usuários vítimas potenciais de *bullying*.

Pesquisa realizada no Brasil pela ONG Plan International identificou que no ambiente virtual ocorre mais *bullying* do que no ambiente físico escolar: 31% contra 17%. Dos 5.168 estudantes participantes da pesquisa, 17% foram vítimas de *cyberbullying*, 18% foram autores e 4% foram vítimas e autores ao mesmo tempo.

Os dados mostraram que os maus-tratos pela internet atingem meninos e meninas, com frequência muito semelhante, diferentemente do que acontece dentro do ambiente escolar: 19% contra 18%, respectivamente. Os estudantes que foram vítimas de *cyberbullying* estão alocados, de forma muito similar, do 5º ao 8º ano do Ensino Fundamental, com pequena concentração nas duas primeiras séries. Em relação à faixa etária, as vítimas concentram-se em adolescentes de 12 e 14 anos, no qual estão cerca de 69% das vítimas.

A pesquisa mostra que os maus-tratos pela internet se manifestam com maior frequência na forma de insultos e difamações feitos por e-mail, MSN e sites de relacionamento, por estudantes com idades entre 11 e 12 anos. Mostra, ainda, que crianças muito pequenas estão envolvidas na invasão de e-mails pessoais e no ato de passar-se pela vítima, ambos praticados por estudantes de 10 anos de idade.

Dados de pesquisa realizada pela Universidade de Navarra, Espanha, em parceria com a Fundação Telefônica, em 2008, mostraram que 8,4% dos 4.205 estudantes brasileiros de 6 a 18 anos usaram o celular para ofender alguém. Ainda de acordo com o estudo: 79,4% dos estudantes, de 10 a 18 anos, têm celulares, enquanto que na faixa etária entre 6 e 9 anos, o índice é de 50,5%.

Uma investigação levada a cabo pela empresa The Carphone Warehouse[2] concluiu que 21% das crianças são vítimas de *bullying* em virtude do crescente número de casos ocorridos através dos celulares. Segundo essa investigação, as meninas têm maior probabilidade de serem vítimas de *bullying* por esta via. Assim, 21% das meninas com idades compreendidas

---

[2] Maior revendedor independente de celulares no Reino Unido, com cerca de 700 pontos de venda: <http://www.beatbullying.org/docs/carphone-pr.html>. Ver pesquisa na íntegra em: <www.plan.org.br>.

entre 15 e 17 anos já foram ameaçadas ou assediadas através de celular. Enquanto a mesma situação se verificou apenas com 17% dos meninos na mesma faixa etária.

O fenômeno piora à medida que os adolescentes crescem. Aparentemente, o processo de socialização que os leva a serem mais cruéis faz com que diminuam as suas ações de *bullying* de forma mais aberta e assumida, por exemplo, nos espaços de recreio na escola, mas que aumentem as fórmulas que proporcionem mais possibilidades de anonimato. Estes, receando ser apelidados de infantis por se envolverem em episódios de *bullying*, passam a preferir agir de forma dissimulada.

No fundo, altera-se o modo de exercer o *bullying*, mas mantêm-se os sentimentos negativos dos agressores, e os efeitos ainda podem ser mais nefastos para as vítimas pelo fato de desconhecerem muitas das vezes quem lhes quer mal. Algumas podem ser dominadas por sentimentos de paranoia, vendo em muitas das pessoas com quem se relacionam o(s) inimigo(s) que lhes envia(m) mensagens insidiosas ou humilhantes.

A organização não governamental inglesa Beatbullying e a empresa The Carphone Warehouse fazem sugestões, constantes no Quadro 2, para lidar com o *bullying* através dos celulares de uma forma precavida.

2. Como lidar com os ataques virtuais

Ainda segundo Fante, as causas do *cyberbullying* estão associadas, principalmente, à falta de orientação para um uso ético e responsável dos recursos tecnológicos, bem como para possíveis responsabilizações legais dos praticantes e seus responsáveis. E também tem a ver com a comunicação entre os usuários infantojuvenis e seus familiares e escolas, para que possam denunciar e buscar auxílio.

Quadro 2
Sugestões para lidar com *bullying* através de celulares

- Guarde os textos, imagens, sons e filmes que lhe sejam enviados. Pode vir a ter necessidade de apresentar evidências dos conteúdos e de identificar quem lhes enviou.

- Se não quiser falar com um adulto, fale com alguém em quem confie, mostre os conteúdos que lhe foram enviados, conte sobre os telefonemas e peça ajuda para, em conjunto, decidir em que adulto pode confiar suficientemente para relatar o ocorrido.

- É ilegal enviar mensagens ameaçadoras ou fazer telefonemas intimidatórios. Considere a hipótese de participar as ocorrências à polícia.

- Tenha os contatos de todos os seus amigos e familiares na agenda do seu celular. Se não reconhecer um número ou se o número sequer for identificado, não atenda a chamada.

- Nunca responda nem reencaminhe uma mensagem abusiva.

- Se receber mensagens ou telefonemas abusivos e intimidatórios, a sua operadora de celular pode ajudá-lo a mudar de número. Os pais devem assumir a responsabilidade de tomar medidas necessárias para reduzir o risco de assédio virtual. Para isso, devem orientar os filhos na utilização do celular, bem como acompanhar dentro do possível seu uso. As crianças e adolescentes deverão ter cuidado relativamente às pessoas a quem dão o respectivo número de celular e também registrar

> data e horário em que receberam algum telefonema ou alguma mensagem (SMS, MMS, mensagem de voz ou e-mail) com caráter ofensivo, de forma a precaverem uma possível manutenção ou escalada dos ataques. Para além disso, esses telefonemas[3] ou essas mensagens terão que ser guardados.

No caso do *uso do celular*, à semelhança do que ocorre com qualquer outra forma de *bullying*, um registro detalhado dos eventos ajudará muito como elemento de suporte para relatar o caso a outra pessoa ou às autoridades.

O quadro 3 dá uma ideia do tipo de registro que pode ser feito. Se for necessário apresentar evidências do que ocorreu, os seguintes elementos são extremamente importantes.

Quadro 3
Registro de ocorrências de *cellbullying*

- Data.
- Hora.
- O que ocorreu? (O que foi dito ou escrito.)
- Por qual meio (telefonema, SMS...)?
- Onde estava quando ocorreu?
- Houve testemunhas?

Fonte: Adaptado a partir de Bulliesout (2008).

---

[3] Cada vez mais os celulares disponibilizam a possibilidade de gravação dos telefonemas.

As escolas têm um papel fundamental na prevenção do *cyberbullying*. Os professores devem alertar os estudantes para os perigos de uma utilização descuidada do celular e para as medidas de proteção. Nos estabelecimentos de ensino, os professores devem levar a sério denúncias de *bullying* por esta via, que lhes sejam apresentadas pelos estudantes, e devem encorajá-los a mostrar as mensagens e a relatar os fatos à direção escolar. Sobretudo no caso de existir a suspeição de esses atos terem sido perpetrados por algum estudante do estabelecimento de ensino. Nos casos em que ocorram ameaças explícitas de violência, as vítimas e os respectivos responsáveis devem apresentar queixa à polícia.

Tudo o que aqui se registra a propósito das mensagens através de celular também se aplica às mensagens de correio eletrônico (e-mail), às mensagens instantâneas pela internet,[4] aos jogos interativos através da internet, aos chats,[5] aos blogs[6] e às redes sociais[7]

---

[4] Por exemplo, MSN Messenger, ICQ, Yahoo Messenger, iMessenger ou WhatsApp.

[5] Palavra inglesa que significa conversa, troca de impressões. Sites ou secções de sites que permitem a comunicação entre dois ou mais utilizadores em tempo real.

[6] Páginas na internet que servem para que o seu autor ou gestor partilhe publicamente seus pensamentos ou opiniões. O nível de liberdade de expressão é, na maior parte dos casos, total. Alguns bloggers não se coíbem de emitir opiniões desrespeitosas relativamente a outras pessoas. Também os blogs se constituem em veículos para o *cyberbullying*.

[7] Para ter informações sobre redes sociais aceda, por exemplo, à Wikipedia em: <http://pt.wikipedia.org/wiki/Lista_de_redes_sociais>. Aí encontrará uma extensa lista de redes sociais e indicações úteis sobre a especificidade de cada uma, para além dos respectivos *hyperlinks*.

como o Facebook,[8] Myspace,[9] Bebo,[10] Hi5,[11] Orkut,[12] Plaxo[13] ou GoogleTalk.[14]

As redes sociais estão num processo de crescimento exponencial, em face do aumento do número de utilizadores e das novas possibilidades criadas com sistemas de interface ou ferramentas de ligação entre as diferentes redes sociais. Com efeito, o Google, com o Friend Connect; o MySpace, com o Data Availability; e o Facebook, com o Facebook Connect, estão acabando com as fronteiras das redes sociais e permitindo que cada comunidade de internautas possa ter visibilidade e se comunique num universo em que a tecnologia é o pilar central na infraestrutura social (MacDonald, 2008) de bilhões de usuários.

Os membros das comunidades, no âmbito das diferentes redes sociais, cuja interface é a internet, poderão transferir e disponibilizar os respectivos perfis e outros conteúdos para um número virtualmente infinito de sites. Na prática, qualquer site na internet pode tornar-se social de uma forma bastante simples,[15] incrementando muito o número de visitantes e a respectiva interconectividade (Google Press Center, 2008).

---

[8]   <http://www.facebook.com>.

[9]   <http://www.myspace.com>.

[10] <http://www.bebo.com>.

[11] <http://www.hi5.com>.

[12] <http://www.orkut.com>

[13] <http://www.plaxo.com>.

[14] <http://www.google.com/talk/intl/pt-BR>.

[15] "Para adicionarem as funcionalidades sociais – como registro de utilizadores, convites, galeria de membros ou envio de mensagens –, os administradores dos sites apenas precisam adicionar um pedaço de código à página, não necessitando de quaisquer conhecimentos de programação" (Ciberia, 2008a).

O uso destas redes sociais de caráter virtual constitui um fenômeno absolutamente fantástico de sucesso, sobretudo, junto das camadas jovens.

3. Alguns dados sobre o uso da tecnologia de comunicação e informação

Na Irlanda, foi disponibilizado um estudo recente que, baseado na aplicação de um questionário feito a crianças e adolescentes entre 10 e 20 anos, nos dá uma ideia do sucesso das redes sociais. Com efeito, de acordo com esse estudo, 69% dos inquiridos acessavam sites dessas redes sociais mais de três vezes por semana, e mais de um terço desses inquiridos faz isso todos os dias (Anchor Youth Centre & NTCE, 2007: 1). Ainda de acordo com este relatório, as atividades preferidas dos usuários inquiridos, quando usam as redes sociais virtuais, são, por ordem decrescente, colocar comentários nos perfis dos seus amigos, partilhar/ver vídeos e partilhar/ver fotografias (Anchor Youth Centre & NTCE, 2007: 3).

Em Portugal, a pesquisadora Célia Quico desenvolveu uma pesquisa recentemente apresentada, que incluiu um inquérito feito a 962 jovens dos 12 aos 18 anos, a observação do cotidiano de 10 famílias portuguesas e um estudo com 77 estudantes entre 12 e 20 anos. Nesse estudo, que constitui a sua tese de doutorado em Ciências da Comunicação, a autora defende que, em relação ao uso da internet, se verifica nos jovens portugueses a "emergência de uma cultura participativa", na qual estes mantêm blogs, criam e partilham fotografias e vídeos.

Os programas de conversação também são populares e praticamente um de cada cinco deles acessa, diariamente, uma rede social on-line como o Hi5 (Pereira, 2008: 9). Além disso, como um claro indício de mudança de hábitos e de uma nova cultura, o celular foi indicado pelos jovens que participaram na pesquisa como a tecnologia de que mais sentiriam falta. Em segundo lugar está a internet, e só em terceiro a televisão. Os SMS e os telefonemas são as atividades mais frequentes, mas cerca de 45% dizem enviar mensagens de vídeo pelo menos três vezes por semana, e um em cada quatro usa o celular para acessar a internet (Pereira, 2008: 9).

Como se vê, a utilização da tecnologia por parte dos jovens é cada vez mais intensa para fins de comunicação, informação, socialização, entretenimento. Mas acarreta consigo toda uma exposição a fenômenos nefastos.

O crescimento exponencial do número de usuários e o entrecruzar das redes sociais na internet têm um potencial benigno sinérgico enorme. No entanto, no reverso da medalha, cresce também de uma maneira fenomenal a taxa de exposição das vítimas de *cyberbullying*. Qualquer pessoa está sujeita a ser ridicularizada, enxovalhada, humilhada perante uma plateia de milhões de internautas.[16] "O lar já não é um refúgio. O *cyberbullying* pode atacar em qualquer lugar e em qualquer momento" (Lines, 2006: 16). Além disso, como refere Eric Roher, um advogado de Toronto especializado em questões educacionais, "as crianças não percebem que a sua escrita [na internet] não é privada. Comparo essa forma

---

[16] Não esqueçamos que, por exemplo, a MySpace, maior rede social do mundo, tinha em maio de 2008 cerca de 117 milhões de utilizadores (Ciberia, 2008b).

de expressão a uma tatuagem. Não é facilmente removível" (Schriever, 2007: 10).

Também a Kids Help Phone, organização canadense que oferece aconselhamento através da internet, garantindo o anonimato a quem a demanda, constata que os adolescentes e jovens não têm consciência de que o ciberespaço não é um espaço pessoal, verificando que eles "não entendem que on-line significa público" (Schriever, 2007: 11). Isto quer dizer que, muitas vezes, quem escreve não tem consciência de que está expondo a sua expressão numa "janela para o mundo", onde virtualmente qualquer um pode entrar.

A manutenção da visibilidade dessa informação pode também ser muito alargada, reforçando assim uma das características inerentes ao *bullying*: a sustentabilidade da agressão e dos seus efeitos negativos. Esta ideia é, ao mesmo tempo, aterradora para as potenciais vítimas e sedutora para os agressores que usam a internet como veículo para essa prática. Todas as novas infraestruturas tecnológicas que fizeram evoluir a noção de comunidade em nível da comunicação, informação e entretenimento, para um patamar fantástico, acarretam também um conjunto de perigos potenciais.

De acordo com um estudo promovido pelo Antibullying Centre do Trinity College, em Dublin, Irlanda, e cujo relatório publicado em 2008 se baseia em entrevistas realizadas com 2.790 jovens, um em cada sete alunos irlandeses é vítima de *cyberbullying* (Ryan, 2008). Ainda de acordo com este relatório, as meninas têm mais probabilidade de vitimização, sendo que uma em cada cinco meninas entrevistadas declarou ter sido atingida por *cyberbullying*.

Segundo o site da Webwise, 98% dos jovens irlandeses usam a internet, sendo que 44% deles ficam on-line todos os dias. Assim sendo, e tendo em conta os perigos potenciais, nomeadamente o *cyberbullying*, associados à utilização da internet, a melhor estratégia que os pais podem utilizar é envolverem-se no estilo de vida digital de seus filhos.

Nesse sentido, no quadro 4 encontramos sugestões que os pais podem seguir para tentar minimizar os riscos associados à utilização intensiva, e por vezes pouco cautelosa, que os seus filhos fazem da internet.

Quadro 4
Sugestões para os pais reduzirem os riscos associados
à utilização da internet

1. Descubram a internet em conjunto.
   Que você seja a primeira pessoa a apresentar a internet a seu filho. No futuro, isso poderá ajudar a partilhar as boas e más experiências.

2. Consensualize com o seu filho regras para uma utilização segura da internet.
   Tente chegar a um acordo com o seu filho para definir quanto tempo ele deve passar on-line e que tipos de sites e atividades são aceitáveis (por exemplo, pode participar em chats?).

3. Convença seu filho a ser cuidadoso ao revelar informações pessoais.
   O seu filho deverá ser seletivo sobre as informações pessoais e fotos que coloca em espaços on-line. Uma vez disponibilizado on-line, esse material está sujeito a todo tipo de uso não autorizado. Fotos públicas

facilitam que predadores possam encontrar uma criança ou até modificar essas fotos para uso pornográfico. Explique a seu filho que nunca deve fornecer informações pessoais (nome, endereço, número de telefone, nome da escola que frequenta, senhas). Se ele participa de alguma rede social (MySpace, Facebook etc.), verifique cuidadosamente que tipo de informação disponibilizou em seu perfil de membro e nos blogs, incluindo fotos e vídeos. Predadores, praticantes de *bullying* e indivíduos ameaçadores também "passeiam" por esse tipo de sites.

4. Fale sobre os riscos associados a fazer amigos on-line.
   Os jovens estão cada vez mais fazendo amigos on-line. No entanto, só devem encontrar-se fisicamente com esses estranhos na companhia de um adulto ou de outros jovens em quem confiem.

5. Ensine seu filho a usar de espírito crítico quanto à informação da internet.
   Nem toda informação que se encontra on-line está correta. Oriente-o a verificar a fidedignidade das informações.

6. Não seja demasiado crítico em relação à exploração que o seu filho faz da internet. Não se esqueça de que nem sempre é por culpa dele que se depara com informação inapropriada.

7. Comunique às autoridades conteúdos on-line que considere ilegais.
   É importante que todos nós assumamos responsabilidades pela rede virtual e reportemos materiais ou ações

que nos pareçam ilegais. Encoraje o seu filho a contar-
-lhe algo estranho ou perturbante que tenha ocorrido
durante a utilização do computador e tente manter-se
calmo diante do que ele eventualmente lhe reporte. Por
vezes, o medo de perderem os privilégios para aceder
à internet leva algumas crianças e adolescentes a não
relatarem problemas que tenham ocorrido. Uma reação
destemperada dos pais pode, eventualmente, levá-los a
navegar na internet fora de casa, ficando sem supervisão. Pode também acontecer de seu filho se isolar e
cortar ou diminuir substancialmente a comunicação
com os amigos (Gallagher, 2007), ficando dessa forma
mais vulnerável aos efeitos nefastos do *bullying* ou do
cyberbullying.

8. Encoraje o respeito pelos outros.
   Como em todos os outros setores da vida em sociedade,
   há regras éticas informais sobre como se comportar ao
   relacionar-se com outras pessoas na internet.

9. Monitore regularmente o uso que o seu filho faz da
   internet.
   Para orientar o uso da internet, é importante saber em
   que tipo de atividades on-line seu filho se envolve. Isso
   não é uma violação da privacidade, mas uma medida de
   precaução que faz parte da sua responsabilidade como
   responsável pela educação dele. Não encare a internet
   como uma *babysitter*. A utilização da internet pelas
   crianças carece de supervisão de adultos. Coloque o
   computador com acesso à internet numa zona pública
   da casa (sala, escritório, corredor).

10. Recorde que os aspectos positivos da internet se sobre-
põem aos negativos.

A internet é um excelente recurso educativo e de entretenimento para todas as pessoas. Encoraje o seu filho
a fazer uma utilização sensata dela e a explorar o seu
potencial. Fontes: <http://www.webwise.ie/GENPDF.
aspx?id=1767; http://www.webwisekids.org>.

4. Segurança na internet

Em Portugal, também tem aumentado a sensibilidade
para estas questões da segurança na utilização das novas tecnologias. Um bom exemplo disso é o site SeguraNet (ECRIE,
2008). Este site resulta de uma parceria entre várias entidades públicas e privadas, sendo de responsabilidade da Equipe
Multidisciplinar Computadores, Redes e Internet na Escola
(ECRIE) da Direção-Geral da Inovação e Desenvolvimento
Curricular do Ministério da Educação. O seu objetivo fundamental é promover "a utilização esclarecida, crítica e segura da internet na escola". O SeguraNet, com um aspecto
bastante moderno e de utilização amigável, procura envolver
professores e estudantes em atividades pedagógicas e lúdicas
relacionadas com a utilização segura da internet.

Do lado das entidades privadas, destaca-se a ação da Microsoft Portugal que, sobretudo em parcerias e consórcios
com entidades públicas, por exemplo, a UMIC (Agência para
a Sociedade do Conhecimento), a FCCN (Fundação para a
Computação Científica Nacional), a DGIDC (Direção-Geral
de Inovação e Desenvolvimento Curricular), do Ministério da
Educação, tem procurado criar ou participar na criação de

interfaces que permitam disseminar "informação para uma utilização segura da internet, disponibilizando conselhos, planos de aulas, testes e cenários interativos" (Microsoft Portugal, 2008).

No Brasil também é crescente a preocupação com o que os jovens fazem no espaço cibernético e como utilizam a tecnologia de comunicação e informação. Por isso, o site <www.criancamaissegura.com.br> disponibiliza uma série de informações e lidera um grande movimento para gerar ativistas pela causa da educação de crianças e jovens, pais e professores, para o uso saudável das novas tecnologias.

Outro site importante é o <www.safernet.org.br>, que conduz ações em busca de soluções compartilhadas com os diversos atores da sociedade civil, da indústria de internet, do Governo Federal, do Ministério Público Federal, do Congresso Nacional e das autoridades policiais.

A Microsoft Brasil disponibiliza para *download* o "Guia da Navegação Segura", com dicas sobre como os usuários da internet podem proteger sua privacidade e seus documentos enquanto utilizam o melhor da web (<www.microsoft.com>).

Dentre os inúmeros trabalhos que vêm sendo realizados no Brasil, fazemos referência à ONG Plan International Brasil, em sua atuação na promoção da segurança na internet, por meio do projeto "Tecnologias de Informação e Comunicação: Combatendo a Violência Sexual de Crianças e Adolescentes (TICs)". Esse projeto tem por objetivo proporcionar conteúdos que auxiliem os jovens a eliminar riscos ao acessarem a internet ou usarem o celular.

A Plan encomendou, ao Instituto Internacional para os Direitos e Desenvolvimento das Crianças (II CRD), uma pesquisa original no Brasil, por meio da Parceria para Proteção da Criança (CPP), que trabalhou com diversas instituições a fim de elaborar um diagnóstico, com enfoque específico nas meninas, do uso das TICs.

O documento, que faz parte da publicação internacional da Plan, Fronteiras Digitais e Urbanas: Meninas em um Ambiente em Transformação (Digital and Urban Frontiers: Girls in a Changing Landscape), foi lançado em setembro de 2010, em São Paulo. O trabalho traz um retrato atual de como as TICs têm impactado a vida de meninas em todo o mundo, bem como os riscos a que elas se expõem com a exploração dessas inovações tecnológicas.

Os dados revelaram que entre 2005 e 2008 cresceu de 33,7% para 62,9% o uso das tecnologias de informação e comunicação entre jovens de 15 a 17 anos; 85% das meninas pesquisadas tinham celulares; 8 de cada 10 participantes usavam a internet; o acesso à internet, nos últimos três anos, aumentou de 20,1% para 33,9% entre as mulheres.

Quanto aos jogos eletrônicos, têm havido referências à questão do *bullying*. Com efeito, no final do mês de outubro de 2006, a empresa americana Rockstar Games, especializada em jogos de vídeo, lançou "Bully", um jogo para consoles Playstation, Nintendo e Xbox. O protagonista desse jogo, Jimmy Hopkins, de 15 anos, com o objetivo de ganhar o respeito dos seus pares numa escola americana ficcionada, Bullworth Academy, tem de se defender dos seus múltiplos agressores. As armas usadas vão desde bastões de *baseball* até bombas de mau cheiro e berlindas para derrubar perseguidores (Fickling, 2006).

O resultado deste cenário e das interações bastante violentas que aí decorrem constitui uma espécie de glorificação da violência em espaço escolar, que pode ter consequências bastante nefastas na construção das personalidades dos seus jogadores mais jovens. Em última análise, esse tipo de jogos pode funcionar como um fator catalítico da prática do *bullying* em meio escolar, através de processos miméticos decorrentes de alguma confusão entre ficção e realidade.

Nos Estados Unidos, esse jogo tem classificação para maiores de 13 anos, portanto, legalmente, é autorizada a sua utilização por indivíduos que estão numa fase de formação de personalidade e em que o ideal é que tenham modelos comportamentais de desejabilidade, e não exemplos de promoção de comportamentos desviantes, antissociais e mesmo violentos.

No Brasil, esse jogo foi proibido pela Justiça de Porto Alegre, não podendo ser comercializado em todo o território nacional. De acordo com o promotor de Justiça Alcindo Luz Bastos Filho, "é um jogo que estimula situações de violência. Uma inversão de valores. Pontua mais aquele que é o pior na escola". De igual modo, os jogos Counter Strike e EverQuest também foram proibidos.

O caso do jogo "Bully" não é isolado. A organização americana Children Now (2001: 6) realizou uma investigação de 70 jogos de vídeo, dentre os mais populares disponíveis no mercado, e concluiu que 61 deles (89%) continham algum tipo de violência e 49% do total de jogos envolviam violência grave. Para além disso, na maioria dos jogos analisados, o jogador nem sequer poderia participar sem se envolver em violência.

Investigações desenvolvidas no Media Research Lab, da Iowa State University, descobriram que "alunos do ensino secundário e universitário que jogavam videogames violentos eram mais hostis e menos indulgentes do que alunos que jogavam jogos com valores sociais mais positivos" (Viadero, 2008).

De acordo com Gentile (2005: 10), "jogar jogos de vídeo provoca um desencadeamento fisiológico, mais pensamentos agressivos, mais sentimentos agressivos, mais comportamentos agressivos e menor tendência para propiciar ajuda pró--social". Portanto, a investigação corrobora a noção de que os jogos de vídeo violentos aumentam a agressividade e poderão ajudar a explicar alguns dos comportamentos dos agressores no caso específico do *bullying*. No entanto, não poderemos estabelecer uma correlação simplista entre uma coisa e outra. Segundo Swing, Gentile e Anderson (2009: 886),

> jogar jogos de vídeo é uma de muitas variáveis (fatores de risco) que aumentam a probabilidade de um indivíduo se comportar agressivamente. Nenhum fator de risco isolado é suficiente para produzir comportamento violento, assim como nenhum fator de risco isolado estará presente em todos os atos de agressão.

Considerações finais

Todos os perigos que referenciamos ao longo desta parte dedicada ao *cyberbullying* – por meio da internet e celular – não podem determinar uma diabolização das novas tecnologias de comunicação e informação. A melhor estratégia será "formar as consciências [das crianças e adolescentes] e ensinar-lhes a usar bem a respectiva liberdade: escolher o que é benéfico e adaptado e evitar o inapropriado e o que pode fazer-lhes mal" (Anchor Youth Centre & NTCE, 2007: 7).

A estratégia de oposição fundamentalista ou de proibição, neste como nos outros temas, não será de todo uma boa escolha e só contribuirá para aumentar as clivagens entre gerações e perigos potenciais. A investigação já realizada e a experiência adquirida pelas comunidades científicas da Medicina, da Saúde Pública e da Psicologia permitem hoje considerar que efetivamente a violência nos meios de informação, comunicação e entretenimento têm efeitos nocivos, sobretudo nas gerações mais jovens (Gentile & Anderson, 2006: 241).

Importa saber até que ponto as sociedades modernas, crescentemente invadidas por tantos tipos de violência real, simbólica e virtual, serão capazes de controlar esta variável de forma a minimizar seus malefícios.

Tanto no Brasil quanto em Portugal – ou em qualquer outra parte do mundo –, pais, profissionais, autoridades têm se preocupado com esse problema e, conjuntamente, buscado soluções para erradicar tal flagelo que atinge – de forma direita ou indireta – a humanidade. Cabe também a cada um de nós, individualmente, se posicionar contrariamente ao *bullying* e suas diversas manifestações, seja no espaço real da escola ou no espaço virtual.

Referências

ANCHOR Youth Centre; NTCE (2007). The Anchor Watch your Space Survey. Survey of Irish Teenagers Use of Social Networking Websites: National Centre for Technology in Education (NCTE) & Anchor Youth Centre.

BELSEY, Bill. *Cyberbullying*. An Emerging Threat to the "Always On" Generation. Canadian Teacher Magazine, 2008, pp. 18-20.

BULLIESOUT. *Bullying Diary*. Disponível em: <http://www.bulliesout.com/diary.pdf>. Acesso em: 4 set. 2008.

CHILDREN NOW. *Fair Play?* Violence, Gender and Race in Video Games. Sacramento, CA: Children Now, 2001.

CIBERIA. Google apresenta Friend Connect. Disponível em: <http://ciberia.aeiou.pt>. Acesso em: 6 ago. 2008a.

CIBERIA. Utilizadores do MySpace vão poder transferir perfis para outros sites. Ciberia.aeiou.pt. Disponível em: <http://ciberia.aeiou.pt>. Acesso em: 6 ago. 2008b.

ECRIE (2008). SeguraNet. Disponível em: <http://www.seguranet.pt>. Acesso em: 19 ago. 2008c.

FANTE, Cléo. *Trabalhando a prevenção do bullying na escola.* Campanha Aprender sem Medo. São Luís-MA: Plan. Unigraf, 2010.

FICKLING, David. Virtual bullying game condemned by charities. *The Guardian online* (2006, 11 agosto). Disponível em: <http://www.guardian.co.uk/technology/2006/aug/11/news.schools>. Acesso em: 5 out. 2008.

GALLAGHER, Matt. Beyond the schoolyard. Bullies take their intimidation to digital media. The Athens Messenger (2007). Disponível em: <http://www.athensmessenger.com/main.asp?SectionID=1&SubSectionID=273&ArticleID=6747.20>. Acesso em: ago. 2008.

GENTILE, Douglas A. The Effects of of video games on children: What parents need to know. *Pediatrics for Parents*, 21(6), 2005, pp. 10-11.

_____; ANDERSON, Craig A. Violent video games: Effects on youth and public policy implications. In: DOWD, N. E.; SINGER, D. G.; WILSON, R. F. (eds.). *Handbook of children, culture, and violence.* Thousand Oaks, CA: Sage, 2006, pp. 225-246.

GOOGLE Press Center. Previewing Google Friend Connect: Website owners can make any site social. Comunicado de Imprensa. Disponível em: <http://www.google.com/intl/en/press/annc/20080512_friend_connect.html>. Acesso em: 6 ago. 2008.

LINES, Elisabeth. *Kids Help Phone Bullying Research Report.* Canadá: Kids Help Phone, 2006.

_____. *Cyber-bullying: our kids' new reality.* A Kids Help Phone Bullying Research Study of Kids Online. Toronto: Kids Help Phone, 2007.

LINHA Alerta Internet Segura. Denuncie conteúdos ilegais. Disponível em: <http:linhaalerta.internetsegura.pt>. Acesso em: 19 ago. 2008.

LUSA. Brasil proíbe a venda, distribuição e promoção do jogo de vídeo «bully". Público on-line. Disponível em: <http://www. publico.clix.pt>. Acesso em: 11 abr. 2008.

MACDONALD, Moira. Taking on the cyberbullies. Hidden behind online names and aliases, they taunt, even lay down death threats. The Toronto Sun (2008, 16 julho). Disponível em: <http://www.torontosun.com/News/Columnists/MacDo nald_Moira/2008/07/16/6168246-sun.php>. Acesso em: 23 ago. 2008.

MICROSOFT Portugal. Jovens seguros on-line. Disponível em: <http://www.jovensonline.net/html/default.htm>. Acesso em: 19 ago. 2008.

PEREIRA, João Pedro. Jovens portugueses já dão mais valor à Internet e ao telemóvel do que à televisão. Público, 18 set. 2008, p. 9.

PRENSKY, Mark. Changing Paradigms. From "being taught" to "learning on your own with guidance". Educational Technology (2007). Disponível em: <http://www.marcprensky. com/writing/Prensky-ChangingParadigms-01-EdTech.pdf>. Acesso em: 19 ago. 2008.

PUBLIC Safety Canada. First steps to stop bullying and harassment: adults helping youth aged 12 to 17. Disponível em: <http://www.publicsafety.gc.ca/res/cp/bully_12217-eng. aspx>. Acesso em: 11 agosto 2008.

RYAN, Emmet. One in seven students suffer cyber bullying. ElectricNexs.Net (ENN) Ireland's IT Newswire (2008). Disponível em http: <www.enn.ie>. Acesso em: 19 maio 2008.

SCHRIEVER, Beatrice. *Cyberbullying*: Ontario College of Teachers' Perspective. CFT Economic & Member Services Notes, 2007, pp. 10-14.

SWING, Edward L.; GENTILE, Douglas A.; CRAIG, Anderson A. Learning processes and violent video games. In: FERDIG, R. E. (ed.). *Handbook of Research on Effective Electronic Gaming in Education,* v. II. Nova YorK: Hershey, 2009, pp. 876-892.

VENTURA, Alexandre; FANTE, Cléo. *Bullying no ambiente escolar e virtual*. Belo Horizonte: Conexa, 2011.

VIADERO, Debra. Instant Messaging, Probed for effects on Academics. (2008) Education Week, 28(1), 15. Disponível em: <http://www.edweek.org/ew/articles/2008/08/27/01apa.h28.html>. Acesso em: 9 set. 2008.

WALSH, Gráinne. *Internet safety life skills*. An online life. Child Links, 2008, pp. 23-26.

REFLETINDO SOBRE *BULLYING* NA EDUCAÇÃO INFANTIL

*Carolina Giannoni Camargo**

Introdução

Bullying é o nome dado a um tipo de violência entre pares que possui características próprias, tais como intencionalidade, frequência e ausência de motivação que justifique o comportamento agressivo. Essas são características que diferenciam o *bullying* de outros tipos de violência que acontecem dentro e fora da escola.

Em outras palavras, as agressões que envolvem o fenômeno:

Não são conflitos normais ou brigas que ocorrem entre estudantes, mas verdadeiros atos de intimidação preconcebi-

---

* É formada em Turismo e graduada em Pedagogia pela Universidade Estadual de Campinas – UNICAMP. Iniciou seus estudos sobre o *bullying* em 2005. É autora do livro: *Brincadeiras que fazem chorar*!; introdução ao fenômeno *bullying*. Coordenadora da Semeare Assessoria Pedagógica. Mantém o blog *Bully* no *Bullying*. Entrar em contato através do e-mail: <carolina_giannoni@yahoo.com.br>.

dos, ameaças, que, sistematicamente, com violência física e psicológica, são repetidamente impostos a indivíduos particularmente mais vulneráveis e incapazes de se defenderem, o que os leva no mais das vezes a uma condição de sujeição, sofrimento psicológico, isolamento e marginalização (Costantini, 2004, p. 69).

O fenômeno *bullying* está presente na educação infantil[1] e pode estender-se até a faculdade e vida adulta do indivíduo envolvido, principalmente quando este processo violento não é mediado por nenhuma ação construtiva e significativa, acarretando em consequências, às vezes, irreversíveis para o autor e para o alvo das agressões.

Outro assunto tratado neste texto é a agressividade. Este tema gera uma amplitude de interpretações, debates e olhares. Justamente porque esse tipo de ação – a que escolhe o caminho da agressividade como forma de resolução de conflitos, sejam estes pessoais ou externos – possui incontáveis desencadeamentos e motivações.

O *bullying* é revelado por ações agressivas que podem ser físicas, como, por exemplo, bater, chutar e empurrar, ou psicológicas e morais, como, por exemplo, difamar, rotular e excluir. A agressividade está presente em qualquer série, ciclo e faixa etária, sendo notada, inclusive, na educação infantil.

No entanto, nem toda violência, briga entre alunos, conflitos no recreio, enfim, nem toda ação agressiva é considerada *bullying*.

---

[1] No Brasil, de acordo com a LDB (Leis de Diretrizes e Bases da Educação), art. 29, entende-se por educação infantil a "primeira etapa da educação básica, tem como finalidade o desenvolvimento integral da criança até 6 anos de idade, em seus aspectos físico, psicológico, intelectual e social, complementando a ação da família e da comunidade".

Para identificar e prevenir o fenômeno *bullying* logo de início, é muito importante conhecer as esferas da agressividade na educação infantil, além de saber discernir o que é e o que não é de fato esperado para determinada faixa etária, sexo e fase de desenvolvimento cognitivo em que a criança se encontra.

Sendo assim, as ações assertivas, mediante o conflito, tão necessárias e emergenciais, devem se tornar frequentes e inerentes às práticas pedagógicas diárias do professor de educação infantil.

1. Como interpretar a agressividade na educação infantil?

Observamos a agressividade na educação infantil a partir de inúmeros episódios que encontramos no cotidiano escolar.

A agressão – quase sempre desencadeada por alguma frustração – é um comportamento que tem a intenção aparente de machucar outra pessoa, sendo muitas vezes motivada pela disputa de algum objeto. Mas, nessa fase, a agressividade tende a sofrer mudanças em sua forma, frequência e motivação. Ao longo dos anos, a agressividade tende a diminuir ou modificar-se, conforme a criança passa pelas etapas do seu desenvolvimento cognitivo, vivencia experiências construtivas, socializa-se e encontra nos pais ou professores um mediador para suas ações.

Para agirmos de forma assertiva nos momentos de conflitos, precisamos conhecer a etapa na qual a criança se encontra e, para isso, tomo como ponto de partida as ideias de Jean Piaget.

Para Piaget, o desenvolvimento cognitivo é um processo contínuo no qual o indivíduo constrói e reconstrói estruturas em busca de um equilíbrio.

A formação da lógica na criança, primeiramente, evidencia dois fatos essenciais: que as operações lógicas procedem da ação e que a passagem da ação irreversível às operações reversíveis se acompanha necessariamente de uma socialização das ações, procedendo ela mesma do egocentrismo à cooperação (Piaget, 1973, p. 96).

O indivíduo passa por várias fases de desenvolvimento denominadas por Piaget como "Estágios", e os classifica em quatro etapas.

A primeira etapa é a sensório-motora, que se estende do nascimento até os 2 anos de idade. A segunda etapa é a pré-operatória, abrangendo crianças de 2 a 7 anos de idade. O terceiro estágio, denominado operatório-concreto, inicia-se por volta dos 7 anos e, a partir dos 12 anos, a criança entra para o quarto estágio, chamado de operatório-formal.

Observamos acima que há um indicativo de idade para cada estágio. É importante lembrar que essas faixas etárias são variáveis. Isso porque cada ser humano é singular, possui características biológicas próprias e estímulos externos diferentes que formam as variantes destes indicativos. O mais importante é lembrar que, segundo Piaget, a ordem dos estágios é sempre respeitada indiferentemente do início e término de cada uma delas.

No presente texto, refletiremos sobre questões que nos levam a entender e prevenir o *bullying* na educação infantil. Por isso, os estágios mais importantes a serem discutidos são: sensório-motor e pré-operatório.

No primeiro estágio, o sensório-motor, as crianças:

- agem por meio dos reflexos neurológicos;
- participam do mundo de forma direta, objetiva, sem formular reflexões e pensamentos;
- conhecem o mundo pelos sentidos, levando os objetos até a boca e prestando atenção em cada ruído ocorrido a sua volta;
- desenvolvem-se emocionalmente;
- criam a noção de tempo, espaço e objeto por meio da ação.

Através da construção destes esquemas, as crianças assimilam o mundo a sua volta. E, ao término desse estágio, podem perceber-se parte de um conjunto, no qual ações e interações acontecem.

A fala é construída nesse estágio e, justamente por não dominá-la, a criança opta por comunicar-se principalmente através da linguagem corporal, utilizando-se do choro, da mordida, da birra, da manha, das expressões faciais e dos gestos para interagir com o meio.

Nesse estágio de desenvolvimento cognitivo, os conflitos que ocorrem entre as crianças na escola são iniciados, geralmente, pela disputa de um brinquedo, de um livro, pela posição ao sentar-se na roda ou mesmo pela atenção do professor, avós, pais.

A criança não morde o colega da turma porque tem a intenção de machucá-lo, de feri-lo gratuitamente. Essas agressões ocorrem por ser o caminho mais curto para alcançar o seu objetivo.

No segundo estágio, denominado por Piaget como pré-
-operatório:

- ocorre o despertar da comunicação, e a criança ganha ano a ano um vocabulário cada vez mais extenso, facilitando a socialização;
- a criança conhece e gosta de brincar com o outro, de interagir e se comunicar;
- há um avanço no desenvolvimento cognitivo, social e afetivo da criança, em decorrência da aquisição da linguagem.

Este é o estágio no qual a famosa frase "mas por quê?" aparece. Para a criança, tudo tem que ter uma explicação. Nesta etapa, ela tende a não relacionar fatos e, embora haja um avanço no seu desenvolvimento social, o egocentrismo, ainda assim, é marca registrada desta etapa, uma vez que a criança não concebe a existência de outras realidades além daquela de que faz parte.

Os conflitos entre os colegas da classe continuam a existir, seja pela disputa por algum objeto ou pela atenção de uma pessoa querida. Como antes, a criança ainda pode resolvê-
-los de forma a utilizar a linguagem corporal (birra, mordida, choro), mas isso tende a diminuir.

Como adquiriu um vocabulário mais extenso neste estágio, a criança pode recorrer ao professor e contar o que houve. Observamos que, por volta dos 5 a 6 anos de idade, a criança é capaz de inventar apelidos pejorativos para seus colegas de turma, criar "panelinhas", excluir, provocar e até humilhar.

... damo-nos conta de que todo o sentido do desenvolvimento pode ser interpretado como uma descentração progressiva. No início a criança está num estado de confusão total, nada mais possuindo do que seus reflexos hereditários...

seus reflexos se transformam em hábitos, depois, pouco a pouco, estruturações se operam por sua atividade própria.... Os processos de acomodação levam-no a estabelecer com o mundo relações de objetividade. Assim, ao estruturar o objeto a criança se estrutura a si mesmo como sujeito. Quanto mais o mundo se torna coerente, tanto mais ele próprio se torna coerente (Piaget, 1991, p. 108).

Desta forma, ao conhecermos estes dois estágios, podemos entender que uma mordida entre crianças de 2 anos deve ser interpretada e mediada de forma diferente da ocorrida entre crianças de 5 e 6 anos de idade.

2. Como mediar a agressividade na educação infantil?

O professor de educação infantil, assim como os outros profissionais envolvidos no processo de educação das crianças pequenas, propicia a elas a proteção e a segurança necessária para que se sintam confortáveis longe de seus lares.

Quando uma criança busca o seu professor para resolver algum conflito existente durante a sua rotina na escola, ela espera que este, de fato, dê importância para a sua causa e resolva a questão.

Muitas vezes e por inúmeros motivos, essa intermediação por parte do educador para com o problema colocado pela criança não ocorre, acentuando a tendência do aluno de não contar para o professor as suas inquietações e preocupações. Adiante veremos que este comportamento contribui diretamente em dificultar a identificação do *bullying* nos espaços escolares.

Uma ação de prevenção e de combate à difusão do *bullying* não pode deixar de fazer referência a esses dois objetivos: exigir adultos mais conscientes do seu papel e fazer com que sejam capazes de criar para os estudantes contextos relacionais e educacionais significantes (Costantini, 2004, p. 81).

Para mediarmos os conflitos e as situações de agressividade ocorridos em nossa sala de aula de maneira assertiva e construtiva, primeiro é preciso entendê-los. E nada melhor do que começarmos dando atenção aos envolvidos nestes episódios.

É importante pensarmos que todo conflito envolvendo agressividade entre as crianças na educação infantil deve ser uma ponte que os leva a um caminho de autoconfiança e construção. Por isso, o papel do professor em mediar essas situações é tão importante quanto conhecer o estágio de desenvolvimento em que a criança se encontra.

Ao pensarmos em uma situação na qual, como consequência de um atrito, uma criança de 2 anos bate ou morde um colega da sua turma, não podemos dizer que esta é uma criança agressiva e que possui um transtorno de conduta.

Nesta idade, o melhor e mais rápido mecanismo para alcançar o seu objetivo é por meio da linguagem corporal, e pode utilizar-se da mordida com essa finalidade. A criança não entende que está machucando, pois o seu estágio atual de desenvolvimento cognitivo não permite que esta se coloque no lugar do outro.

Nesta fase é preciso estabelecer limites, e o professor deve deixar claro e sempre lembrá-la daquilo que é ou não permitido. Birra, mordida, chute não é um comportamento adequado, porque fere o outro e, por isso, não deve ser permitido.

Desse modo, o papel do professor é:

- agir com tranquilidade e naturalmente;
- mostrar que a atitude não foi correta ao morder ou bater;
- não supervalorizar a agressão;
- estipular limites;
- sempre evitar que se machuquem.

Para amenizar os conflitos entre as crianças de 0 a 2 anos de idade e, na tentativa de diminuir as agressões físicas como as mordidas, o professor pode trabalhar com brincadeiras e jogos cooperativos.

Criar muita ansiedade e tencionar ainda mais o conflito é desnecessário, já que estas atitudes são típicas do primeiro estágio e tendem a diminuir com o tempo.

No intuito de prevenir que os alunos se envolvam com o fenômeno *bullying* no futuro, os sentimentos de amizade, respeito, carinho, união, alegria e tristeza devem fazer parte das atividades e do cotidiano da classe.

No segundo estágio de desenvolvimento (pré-operatório), vimos que a criança já é capaz de agredir intencionalmente e, por volta dos 5 anos, pode inventar apelidos, formar "panelinhas" e até mesmo fazer "brincadeiras" de mau gosto.

Nesta fase é muito importante dar atenção às queixas dos alunos e tentar solucioná-las. Essa atitude torna-se necessária para que as crianças continuem a contar ao professor o que as incomoda.

Podemos notar que os conflitos existentes nesta etapa da educação infantil passam a ser diferentes: se antes a agressão acontecia pela disputa de um objeto, agora ela pode ser verbal e intencional.

Neste momento o papel do professor no combate e prevenção ao *bullying* é extremamente importante. É preciso trabalhar tanto com a criança que cria o apelido e faz gozações, quanto com aquela que é vítima disso e não sabe como se defender.

O professor pode contribuir para a diminuição dos casos de agressões físicas e verbais e, ainda, prevenir que seus alunos se envolvam com o *bullying* no futuro através de algumas das seguintes atitudes:

- ao identificar a existência de apelidos, o professor deve trabalhar na tentativa de evitar que ele se repita. O teatro (a dramatização) é uma atividade interessante para combater isso, pois nele, permite-se a troca de papéis e o estímulo a refletir como se sentiria se estivesse no lugar do outro;

- trabalhar valores morais e éticos e discutir com a turma a importância de respeitar o outro, da cooperação, da amizade, do compartilhamento;

- instigar os alunos que cometem as ações agressivas a refletirem sobre suas atitudes através da pergunta: "E se fosse comigo?". Mostrar para a criança que suas ações trazem consequências e fazê-la pôr-se no lugar do outro;

- permitir ao aluno a criação e elaboração de regras que possibilitem a convivência harmoniosa, não admitindo ações agressivas, mas sim dando preferência ao diálogo;

- usufruir dos jogos cooperativos para que as crianças sintam-se bem e trabalhem pelo grupo, e não motivadas apenas por desejos e objetivos pessoais;

- proporcionar à classe a convivência com todos os colegas da turma, misturando as crianças e trabalhando com atividades de inclusão;
- trabalhar as diferenças para que se sintam seguras e confiantes em si mesmas.

É nesta fase que as agressões físicas e morais e a baixa autoestima devem ser trabalhadas, evitando assim que se acentuem.

A personalidade[2] da criança é construída nos primeiros anos de vida e coincide com sua passagem pela educação infantil. Por isso, o papel e o exemplo dos pais e dos professores e, também, a forma com que resolvem os conflitos do dia a dia ajudam a formar a base da educação da criança, prevenindo até mesmo que se envolvam futuramente com o *bullying*.

3. Como saber se a agressividade é ou se tornou um desvio de conduta?

Vimos que cada estágio do desenvolvimento cognitivo possui características próprias e que algumas ações são esperadas ou aceitas como parte integrante desse estágio.

A partir do momento em que a criança domina a linguagem, desenvolve-se emocional e socialmente e passa para

---

[2] "Personalidade é a organização dinâmica dos traços no interior do eu, formados a partir dos genes particulares que herdamos, das existências singulares que experimentamos e das percepções individuais que temos do mundo, capazes de tornar cada indivíduo único em sua maneira de ser, de sentir e de desempenhar o seu papel social." G. J., BALLONE. Teoria da personalidade. In: *PsiqWeb, internet*. Disponível em: <http://www.psiqweb.med.br>, revisto em 2008.

outro estágio, a agressiva tende a diminuir normalmente. Porém, o que fazer quando isso não acontece?

Primeiro é preciso observar, refletir e entender alguns fatores importantes:

a) *A realidade da criança fora da escola*

O comportamento agressivo pode ser acentuado ou atenuado de acordo com o ambiente familiar no qual a criança está inserida. Se ela vive em um lar onde há violência física e verbal, pode aprender com os exemplos e tornar-se agressiva na escola. Ou, então, se é extremamente mimada e não possui limites, encontra dificuldades na hora de dividir os brinquedos e a atenção dos colegas durante a sua permanência na escola, podendo escolher a agressividade como válvula de escape.

b) *A escola e a casa*

É muito marcante para as crianças pequenas entender, principalmente nos seus primeiros meses na escola, a diferença de estar em casa e na escola. Em casa, a criança geralmente é o centro das atenções, pois, mesmo antes de nascer, já conquistou a família e, caso não seja filha única, quando tem que dividir os brinquedos é apenas entre seus irmãos. Na escola, inserir-se no grupo é tarefa difícil para muitos. A criança divide não só a atenção do professor com os colegas de classe, como também o brinquedo, o lugar ao lado de determinado amiguinho e os espaços escolares. Por isso, os conflitos surgem, e a agressividade pode aparecer como consequência.

c) *Acontecimentos momentâneos*

Algumas situações são extremamente marcantes na vida das crianças: a separação dos pais, a perda de um animal de estimação, a morte de uma pessoa próxima, a ida do melhor amigo para outra cidade, a mudança de casa e de escola, a viagem longa do pai ou da mãe. Todos estes acontecimentos geram uma enxurrada de sentimentos com os quais, muitas vezes, a criança não sabe lidar. Quantos casos nós já ouvimos ou presenciamos de comportamentos agressivos em crianças que acabaram de ganhar um irmãozinho? Com o tempo ela aceita o novo membro da família, mas a agressividade é a forma que encontra de se expressar e de interagir.

O professor de educação infantil deve mediar os conflitos entre os alunos levando-os sempre a crescerem, a construírem. Porém, durante o convívio com as crianças, pode deparar-se com situações em que a resolução não esteja mais em suas mãos.

É muito importante entender que, quando a agressividade persiste por muito tempo, sem que haja aspectos momentâneos que estejam acarretando a sua permanência, podemos dizer que há um desvio de conduta. Neste caso, o professor deve pedir aos pais para buscarem a ajuda de um especialista.

Devemos destacar que a agressividade existe na educação infantil e que, como já vimos, pode ser desencadeada pela falta de limites, ausência de carinho e atenção, acontecimentos passageiros, ou até mesmo por não saber interagir com o outro, senão por meio da agressão.

O professor deve mostrar a seus alunos outras maneiras de resolver os conflitos, sem a utilização da violência, evitando encaminhar a um especialista crianças que não possuem transtorno de conduta. Afinal, a maior parte delas não apresenta uma patologia psíquica.

Os instrumentos para o adulto intervir e prevenir as consequências mais dramáticas são os mesmos que já vimos aqui: estimular o diálogo, propiciar a escuta e a empatia, construir relações e contextos afetivamente significativos, desenvolver a reflexão crítica, estimular a participação, responsabilizar-se por si mesmo e pelos outros, criar regras e limites desde os primeiros anos de vida (Costantini, 2004, pp. 63-64).

Quando há a necessidade de um encaminhamento, este deve ser baseado em fortes indícios, uma vez que a agressividade está naturalmente presente na educação infantil.

Enfim, nem sempre essa agressividade está ligada a um desvio de conduta, da mesma forma que nem todas as brigas existentes entre os alunos podem ser caracterizadas como *bullying*.

4. Por que se preocupar com o bullying na educação infantil?

O fenômeno *bullying* já existe há muito tempo e, nos últimos anos, o assunto ganhou a atenção de pesquisadores brasileiros. Estudado por um psicólogo norueguês desde a década de 1970, só há pouco tempo as escolas no Brasil começaram a se preocupar com o fenômeno e iniciaram um trabalho de conscientização, combate e prevenção desse mal.

Segundo Camargo (2010), esse é um problema que atinge diretamente as formas de relações existentes entre os alunos, acarretando em inúmeras consequências para a vida escolar e social da criança e do adolescente.

O *bullying* é uma situação de agressão física e moral que acontece entre pares. Na escola, os agressores sentem necessidade de agredir e menosprezar o seu alvo, para assim ganhar destaque na turma. Assim, a agressão é o fator que desequilibra a mesma relação de poder existente entre todos os alunos na escola.

No caso do *bullying*, as agressões são frequentes, podendo ocorrer mais de uma vez por semana, e costumam ter o mesmo alvo. Quem as comete tem a intenção de atacar o outro e se destacar. Enquanto quem é vítima, por inúmeros motivos, sente dificuldade de denunciar a violência e se esquivar das humilhações.

Em outras palavras, esse tipo de situação envolve as seguintes ações: humilhar, tirar sarro, provocar desentendimento, brigar, falar mal, bater, roubar, ameaçar, apelidar, ignorar, provocar, irritar, excluir, maltratar, difamar, rotular, mentir, magoar.

Já os sentimentos dos alunos que participam do fenômeno variam entre tristeza, angústia, dor, solidão, medo, raiva, desânimo, ódio, vergonha, fraqueza, prazer em agredir, desespero, além de desinteresse pela escola e até mesmo pela vida.

É preciso entender, prevenir e mediar as situações que envolvem a agressividade na educação infantil, propondo atividades que estimulem a autoconfiança nos alunos. A falta de atenção durante a infância com relação a estes aspectos pode acentuar o comportamento de insegurança ou agressividade na criança, criando a possibilidade de envolvimento com esse tipo de coisa no futuro.

Pesquisas nos mostram que o *bullying* está presente em todas as escolas e que independe de condições sociais, culturais, gênero, cor, raça, ou etnia. Por isso, deve fazer parte das práticas pedagógicas e do compromisso com as crianças e com a sociedade prevenir que os alunos pequenos se envolvam, nas séries seguintes, com situações de agressividade e com o *bullying*. Porque há consequências graves para quem participa disso.

O autor de *bullying* – aquele que comete intencionalmente as agressões físicas e verbais – não possui confiança em si mesmo, não reflete sobre os sentimentos alheios, não respeita regras, não está acostumado a ouvir não e, geralmente, é mimado.

É importante que as crianças aprendam, enquanto pequenas, a lidar com frustrações, a ter limites, a respeitar as pessoas, os objetos e a natureza.

Uma forma de entender o problema e pensar em estratégias de prevenção ao *bullying* é saber que existe a violência direta (bater, chutar, roubar objetos, apelidar com nomes pejorativos e discriminatórios), mais comum entre os meninos, e existe a violência indireta (difamação, exclusão, fofocas desagradáveis com o objetivo de discriminar), mais característica entre as meninas.

Na escola, os professores podem trabalhar com os sentimentos (alegria, tristeza, amor, amizade, carinho, cuidado, respeito) por meio de atividades lúdicas, como, por exemplo contar histórias, fazer teatro e desenvolver jogos cooperativos.

É fundamental mostrar, através das nossas próprias práticas, que as ações possuem consequências. Quando uma criança da educação infantil, que já consegue comunicar-se por meio da fala, utiliza-se de agressões físicas e verbais para resolver conflitos, é muito importante que o professor estimule essa criança a se colocar no lugar do outro, a pensar em como lidaria com tais consequências e sentimentos se, ao invés de agredir, fosse agredida.

A punição nem sempre é a solução mais adequada. É preciso combater esse tipo de atitude mostrando a esses indivíduos que o outro tem sentimento, despertando nos agressores a compaixão pelo próximo e dando-lhes possibilidades de uma relação afetiva com a sociedade.

Prevenir e combater o *bullying* são atitudes necessárias para a recuperação desses alunos que, de certa forma, são vítimas de uma má formação e educação.

Quando nenhuma intervenção por parte da escola e da família acontece, a criança agressiva pode se tornar autor de *bullying*. Segundo Fante (2005), as consequências para quem comete este tipo de violência seriam as seguintes:

- queda no rendimento escolar;
- envolvimento com drogas lícitas e ilícitas no futuro;
- abandono escolar;
- maior chance de envolvimento com a criminalidade;
- arrogância extrema;
- comportamentos problemáticos e delinquentes;
- práticas de furto e roubo;
- dificuldades em relacionamentos.

O alvo de *bullying* não necessita motivar as agressões para recebê-la, pois é uma violência gratuita. Ao ganhar um apelido, receber ameaças, ao ser agredido fisicamente, o indivíduo encontra obstáculos para resolver o conflito e denunciar o agressor.

Essa dificuldade se dá por alguns motivos, sendo um deles as próprias características da criança. Geralmente, o alvo do *bullying* é alguém excessivamente tímido, com aspecto físico frágil, com poucos amigos, passivo, submisso e com baixa autoestima. Um novo aluno na escola também pode se tornar alvo desse tipo de coisa, uma vez que ele se encontra em processo de adaptação e socialização.

Outro fator que justifica a questão de o alvo de *bullying* sofrer com as agressões durante muito tempo é o fato de acreditar que a escola não está preparada para ajudá-lo. Sente medo ao imaginar que, ao denunciar o agressor, os ataques se tornem mais intensos.

Por isso, assim que o professor recebe a denúncia, medidas imediatas devem ser tomadas para que o caso seja solucionado, evitando, assim, retaliação por parte do autor de *bullying*.

Quando a denúncia é feita, mas as medidas para solucioná--las não são eficazes, o aluno tende a deixar de confiar no professor e na escola e não faz novas denúncias. Sem estes relatos, a identificação desse tipo de ação torna-se ainda mais difícil.

Além disso, o alvo de *bullying* é ameaçado constantemente. Para Fante (2005), os locais onde as ameaças mais acontecem são: pátio da escola, vestiários e banheiros, o portão durante a entrada e saída e a sala de aula, durante a troca de professor ou enquanto ele escreve na lousa. Por estar sempre fragilizado e por não acreditar em uma solução definitiva para o seu caso, o aluno opta pelo silêncio.

É importante trabalhar com as diferenças e a autoconfiança na educação infantil. Ressaltar as qualidades da criança, elogiá-la, demonstrar afeto e compreensão ajudará a elevar a autoestima do aluno, evitando que se sinta tão pequeno e incapaz caso receba algum apelido ou alguma ameaça no futuro.

As consequências para quem é alvo de *bullying* são:

- desinteresse pela escola ou por alguma disciplina nela oferecida;
- baixa autoestima ou ausência dela;
- tristeza e angústia em excesso;

- falta de vínculo afetivo com colegas;
- ansiedade;
- depressão;
- insegurança;
- pensamentos suicidas;
- transtorno comportamental;
- dificuldade de relacionamento;
- medo;
- queda no rendimento escolar;
- assassinatos (em casos extremos);
- suicídio (em casos extremos).

O *bullying*, dentro da escola, acontece propositalmente longe dos adultos, pois é uma violência entre pares, no caso, entre os alunos. Os autores desse tipo de ação são inseguros e não confiam nas suas próprias qualidades. Gostam de aparecer e, como possuem algumas características de liderança, sentem a necessidade de menosprezar alguém para ganhar destaque perante a turma.

Denominamos a essa turma de "espectadores", "público", "plateia", que são os alunos que presenciam essas situações de violência na escola, sem, no entanto, se tornarem alvos ou autores.

Esses espectadores são agentes importantes no combate ao *bullying*. Isso porque, sem eles, o agressor não teria para quem demonstrar as suas "habilidades" em maltratar e agredir.

Logo, o alvo não tem sentido em existir sem a presença do público, sendo o *bullying* uma violência gratuita.

Os espectadores podem mostrar aos agressores que essas atitudes são desagradáveis e que eles podem utilizar sua capacidade de liderança para fazer algo de bom pela escola e pela turma.

Como muitas escolas brasileiras não possuem ainda uma proposta de prevenção e combate ao *bullying*, eles não têm noção da gravidade do problema:

- acreditam que essas atitudes de agressão física e verbal são normais na escola, por isso, convivem com a situação;
- não denunciam, pois sentem medo de se transformarem nos próximos alvos;
- tendem a acompanhar os agressores, afinal, é mais seguro estar ao lado de quem comete as agressões do que ao lado de quem as recebe.

Não é porque os espectadores não participam do *bullying* como autores ou alvos, que estes não sofrem consequências. Pois convivem com essas situações de tensão e presenciam cenas no qual um amigo ou colega de classe é humilhado, maltratado. Sofrem por se sentirem de mãos atadas.

As consequências geradas são:

- angústia;
- tristeza demasiada;
- queda no rendimento escolar;
- nervosismo;
- falta de concentração nas atividades escolares.

No intuito de prevenir, é preciso se preocupar com o fenômeno desde as primeiras séries, porque notamos que são muitas as consequências para todos os envolvidos. Quanto mais demorarmos a propor soluções, mais difícil será a batalha contra o *bullying*.

A excessiva agressividade ou a ausência dela em crianças ou adolescentes tem geralmente causas comuns ligadas a processos infantis não adequadamente desenvolvidos, a dinâmicas familiares condicionadoras, a situações emocionais não resolvidas que produzem uma perturbação da personalidade de fundo e uma escassa autoestima (Costantini, 2004, p. 62).

O que podemos fazer na educação infantil é insistir em atividades nas quais valores morais, éticos e de cidadania estejam presentes, tornando-os parte da rotina, das práticas escolares e da vida de nossos alunos.

5. O que as escolas de educação infantil podem fazer?

O caminho para prevenir o *bullying* começa em aceitar que o fenômeno existe e que está presente em escolas do mundo inteiro. É mito acreditar que nessa ou naquela escola o *bullying* não exista, principalmente se nenhum trabalho ali foi efetuado para sua diminuição.

Como o *bullying* é uma violência velada, torna-se difícil a sua identificação, mas conhecê-lo é o primeiro passo para mudar essa realidade que traz consigo consequências negativas para a sociedade. Nesse caso, "é necessário que a escola busque, a partir de livros e profissionais especializados, informações para combater o *bullying*. Sem esta conscientização, a escola deixará de identificar o fenômeno, possibilitando o seu crescimento" (Camargo, 2010, p. 47).

Para a escola que tem interesse em formar alunos e cidadãos, que se preocupa com a formação moral e ética de seus alunos e que possui como responsabilidade cuidar da saúde física e mental, é necessário trilhar alguns caminhos para prevenir e combater essa violência:

a) *Não banalizar o termo bullying*

Da mesma maneira que, cautelosamente, buscamos compreender a agressividade na educação infantil, sem taxar todos os casos como desvio de conduta, compreender o fenômeno é essencial para não torná-lo corriqueiro. Não devemos achar que todo conflito existente dentro de uma escola seja *bullying*, já que este, como vimos, possui características próprias: ocorre de forma intencional, gratuita, e frequente.

b) *Capacitar os professores e funcionários envolvidos no cotidiano escolar da criança*

Levar ao conhecimento de todos, por meio de profissionais especializados, o que vem a ser o *bullying*, como identificar os possíveis envolvidos com o fenômeno, como agir assertivamente quando identificado e como prevenir e combater esse tipo de violência em todos os espaços escolares. Isso é algo indispensável na sua prevenção e combate.

c) *Conhecer o bullying e esquecer os mitos*

Há muitos mitos que cercam o fenômeno, e exemplificarei alguns:

- o *bullying* é implicância de criança;
- isso passa depois que o aluno sair do ensino fundamental e médio;
- a criança que sofre *bullying* deve retaliar;
- a culpa é do alvo;
- alvos e autores devem sair dessa situação por meio de esforços próprios, sem a ajuda de ninguém;
- sofrer *bullying* torna a pessoa mais forte e preparada para a vida;
- o *bullying* é uma situação corriqueira, normal entre os jovens.

Todos esses "mitos" são equívocos que atrapalham uma proposta de intervenção eficaz, por isso devem ser deixados de lado.

d) *Trabalhar junto aos pais*

A formação da criança envolve muitos fatores: os pais, os costumes da família, a escola, a sociedade na qual a criança está inserida, os estímulos recebidos, o tempo e o conteúdo a que tem acesso na televisão, e muitos outros.

Vale lembrar que o professor é um profissional especializado em educação. Ele sabe como se dá o desenvolvimento cognitivo das crianças, conhece as práticas pedagógicas existentes, entende da adaptação da criança ao mundo fora de sua casa, do processo de convivência com outras crianças. Por isso, deve-se formar uma parceria com os pais e ajudá-los nesse desafio que é educar.

A escola de educação infantil pode ainda convidar um educador a fazer uma palestra com os pais sobre o *bullying*, no intuito de prevenir que seus filhos se envolvam com o fenômeno quando crescerem. Lembrá-los que escutar, corrigir e amar seus filhos são atitudes simples, porém fundamentais para formar cidadãos de bem. Além disso, devem estar atentos ao comportamento da criança e conversar com a escola quando identificar um possível envolvimento com esse fenômeno, o que exige conhecê-lo.

e) *Trabalhar as práticas da cidadania*

No decorrer do texto vimos exemplos e soubemos como é importante trabalhar nas crianças *sentimentos* como alegria, tristeza, saudade, dor e choro; *valores* como respeito, amor, solidariedade e compaixão; e *ações* como escutar, dialogar, ganhar, perder e trocar os papéis, buscando levar em consideração o sentimento do outro.

Inserindo essas ações nas práticas pedagógicas do professor, este ajudará a criança a refletir cada vez mais sobre suas ações e consequências, aceitando a si mesmo e ao outro da forma como ele é.

Percebemos, então, que a educação infantil tem um papel fundamental na prevenção do *bullying*, já que identifica a agressividade ainda na infância, conhecendo melhor as suas causas e buscando uma resolução para esses conflitos.

Além disso, quanto antes trabalharmos a autoestima da criança, despertando nela a confiança em si mesma, melhor estará preparada caso encontre pela frente autores de *bullying*.

Conclusão

Dentro da escola existe um grande desafio à espera do professor: ajudar seus alunos a conquistarem tranquilidade física e mental necessária ao crescimento e desenvolvimento, para que aproveitem ao máximo suas capacidades e habilidades enquanto aluno e indivíduo social.

O presente texto buscou refletir sobre quando devemos nos preocupar com o *bullying*, concluindo que a educação infantil é o período ideal para o início das práticas de prevenção e combate ao fenômeno.

A conscientização por parte da escola é fundamental para que se sinta capaz de responder aos mitos e equívocos que ainda rodeiam o *bullying*.

A escola de educação infantil pode cultivar importantes práticas para elaborar o projeto pedagógico, incluindo aí atividade, ações e valores como escutar, dialogar, respeitar, dividir, perder e ganhar.

Dessa forma, ainda que os conflitos surjam, os professores, ao mediarem os episódios de forma construtiva, ajudarão as crianças a serem pessoas melhores, confiantes em si mesmas e cidadãs de bem.

Prevenir esse tipo de violência já na educação infantil torna-se necessário para que futuramente elas não se envolvam nesse tipo de situação.

Todos os envolvidos com as crianças precisam dar importância ao fenômeno, já que, como vimos, as consequências resultantes dessas agressões são inúmeras. Além do mais, as escolas e os pais possuem diretamente um compromisso com o aluno.

Para evitar o envolvimento do filho com o *bullying*, os pais podem contribuir da seguinte maneira:

- conversar com ele sobre o fenômeno;
- observar sinais que indiquem um possível envolvimento com o *bullying*;
- estar presentes na vida deles como amigos, mas, acima de tudo, como pais, considerando-se todas as funções que isso envolve;
- possuir algum vínculo de comunicação com a escola para que possam tomar ciência do seu comportamento longe de casa;
- educá-lo desde pequeno para um mundo que é de todos, e não centrado apenas nos seus desejos, vontades e realizações.

As escolas, não apenas as de educação infantil, podem contribuir para a diminuição da incidência de *bullying* e também para preveni-lo:

- ao divulgá-lo e apresentá-lo a seus alunos, professores e funcionários;
- ao colocar em prática atividades e debates em sala de aula sobre preconceito, respeito ao próximo e temas que incentivem a reflexão sobre ações e suas consequências;
- ao criar um veículo de comunicação seguro para denúncias na escola;
- ao elaborar um manual *antibullying* formulado pelos alunos e professores;
- ao oferecer aos pais palestras com educadores especialistas no assunto;
- ao produzir um folheto explicativo para colocar no mural da classe.

Ao agirmos com firmeza, determinação, seriedade e confiança nas práticas pedagógicas, o *bullying* poderá ser prevenido, deixando de alcançar proporções maiores e mais difíceis de serem controladas.

Através de pequenas ações durante a educação infantil, a escola pode formar alunos aptos a discernirem aquilo que é bom ou ruim, prevenindo assim seu envolvimento como autor, alvo ou espectador do *bullying*. Faz parte do nosso papel este grande desafio!

Referências

CAMARGO, Carolina Giannoni. *"Brincadeiras" que fazem chorar!*; introdução ao fenômeno *bullying*. São Paulo: All Print, 2009 e 2010.

COSTANTINI, Alessandro. *Bullying, como combatê-lo*; prevenir e enfrentar a violência entre jovens. Trad. Eugênio Vinci de Moraes. São Paulo: Itália Nova, 2004.

FANTE, Cléo. *Fenômeno bullying*; como prevenir a violência nas escolas e educar para a paz. 2. ed. rev. e ampl. Campinas, SP: Verus, 2005.

GUIMARÃES, Áurea Maria. *A dinâmica da violência escolar*; conflito e ambiguidade. Campinas, SP: Autores Associados, 1996. (Coleção educação contemporânea.)

LEIBIG, Susan; RAMOS, Luis Felipe Matta. *Virando o jogo da educação*; moral e ética em ação na escola. São Paulo: All Print, 2007.

PIAGET, J. *Seis estudos de psicologia*. Trad. Maria A. M. D'Amorim; Paulo S. L. Silva. Rio de Janeiro: Forense, 1967.

_____. *A psicologia da criança*. Rio de Janeiro: Bertrand Brasil, 1998.

_____. *O nascimento da inteligência na criança*. Rio de Janeiro: Guanabara, 1991.

TEIXEIRA, Gustavo. *Transtornos comportamentais na infância e adolescência*. São Paulo: Rubio, 2006.

BULLYING NO AMBIENTE ESCOLAR

*Cléo Fante**

> É dever de todos velar pela dignidade
> da criança e do adolescente,
> pondo-os a salvo de qualquer tratamento desumano,
> violento, aterrorizante,
> vexatório ou constrangedor
> (art. 18 do cap. III do ECA).

Introdução

O Brasil foi um dos primeiros países do mundo e o primeiros da América Latina a adequar sua legislação, internalizando uma série de normativas internacionais quanto à promoção e defesa dos direitos da criança. Não obstante essa adequação, instituiu a Lei n. 8.069 de 13 de julho de 1990, regulamentando os direitos das crianças e dos adolescentes – Estatuto da Criança e do Adolescente –, inspirado pelas diretrizes da Constituição Federal de 1988.

---

* Escritora com publicações sobre o tema "Bullying no Brasil e Colômbia". Autora do Programa Antibullying Educar para a Paz. Docente em cursos de pós-graduação.

Ainda que a criança e o adolescente sejam reconhecidamente sujeitos de direitos, assegurados por lei, continuam a ser desrespeitados e os seus direitos fundamentais violados. Tais violações podem ser visivelmente percebidas no seu cotidiano – seja na escola, na família, na comunidade, nos filmes, nos games, na TV, na internet, no descaso social, na falta de assistência e de moradia, na saúde e no ensino de má qualidade, no analfabetismo funcional, na exploração do trabalho e do sexo, na exclusão social, na pobreza extrema, gerando a fome, no abandono familiar e do poder público, na falta de lazer, de esperança, de paz –, violando a garantia de seus direitos e estimulando, muitas vezes, o descumprimento dos seus deveres.

No que tange à violação de direitos na escola, a violência é um dos entraves para o pleno desenvolvimento da criança e do adolescente e do processo de construção da cidadania e de formação para o trabalho, sendo estes os principais objetos da Lei de Diretrizes e Bases da Educação Nacional.

A violência tem sido motivo de preocupação em escolas de todo o mundo. Na década de 1980, o tema violência era abordado por pesquisadores a partir de manifestações relativas à segurança pública, através de atos juvenis de depredações e pichações. A partir da década de 1990, as relações interpessoais passaram a tornar-se centrais no fenômeno violento:

> Nesses primeiros anos da década de 80, observa-se certo consenso em torno da ideia de que as unidades escolares precisariam ser protegidas (...) tratava-se assim de uma concepção de violência expressa nas ações de depredação do patrimônio público (...). Naquele momento não estavam sendo questionadas as formas de sociabilidade entre alunos, mas eram criticadas as práticas internas aos estabelecimen-

tos escolares produtoras da violência. (...) É possível considerar que os anos 1990 apontam mudanças no padrão da violência observada nas escolas públicas, atingindo não só os atos de vandalismo, que continuam a ocorrer, mas as práticas de agressões interpessoais.[1]

1. Compreendendo o bullying escolar

Na década de 1990 é que surge um novo conceito que passa a ser considerado no campo de estudos sobre a violência: o *bullying*. Sem tradução na língua portuguesa, é um fenômeno que ocorre na relação entre pares, sendo que sua maior incidência está entre os estudantes no ambiente escolar. É um fenômeno tão antigo quanto a escola, embora não tenha sido objeto de estudos sistemáticos até início dos anos de 1970, quando surgiram os primeiros ensaios sobre o assunto na Suécia e Dinamarca.

Na década de 1980, surgiu grande interesse pelo tema na Noruega, em especial, em 1982, quando a mídia noticiava o suicídio de três crianças, com idades entre 10 e 14 anos, sendo que os abusos entre pares foram apontados como causa principal. Esse fato originou grande tensão e preocupação social, sobretudo, nas escolas e nas famílias, o que despertou o Ministério da Educação para a gravidade do problema. Em 1983, foi desenvolvida uma grande campanha nacional contra o *bullying*, tendo à frente o pioneiro nos estudos, Dan Olweus, da Universidade de Bergen.

---

[1] SPOSITO, Marilia Pontes. Um breve balanço da pesquisa sobre violência escolar no Brasil. 2001. Disponível em: <http://www.scielo.br/scielo.php?script=sci_arttext&pid=S1517-97022001000100007&lng=pt&nrm=iso>. Acesso em: 4 jul. 2010.

Foi Dan Olweus quem estabeleceu os primeiros critérios para identificar de forma específica o *bullying* e que permitisse diferenciá-lo de outras possíveis interpretações, como incidentes e gozações ou brincadeiras entre os estudantes, próprias do processo de amadurecimento do indivíduo (Fante, 2005: 45-46). Olweus realizou uma ampla pesquisa nas escolas norueguesas, em que envolveu quase 100 mil estudantes de diversos níveis de escolaridade, pais e professores. Os dados apontaram que um de cada sete estudantes estava envolvido em *bullying*, o que resultou na necessidade de desenvolver um programa de intervenção que tivesse regras claras contra esse tipo de violência, que envolvesse ativamente os professores e pais, que promovesse apoio e proteção às vítimas. O programa demonstrou eficácia na redução dos casos, em cerca de 50%, o que incentivou outros países a estudarem o problema e desenvolver programas de intervenção.

Segundo Smith e outros (2003), após oito meses do início da intervenção, verificaram-se reduções nos índices de vitimação em cerca de 50% entre os meninos e 58% entre as meninas. Em relação aos autores de *bullying*, as reduções foram de 16% entre os meninos e de 20% entre as meninas. Quase dois anos depois, os índices subiram para 52% entre os meninos e 62% entre as meninas. Quanto aos autores, subiram para 35% entre os meninos e 74% entre as meninas. Os comportamentos antissociais também sofreram uma considerável queda, resultando na melhora do clima em sala de aula e da escola de um modo geral.

De acordo com Olweus (2005: 1), o *bullying* passou igualmente a merecer uma atenção mais atenta (por parte da sociedade e dos investigadores) em outros países, dos quais se destacam o Japão (em parte devido aos suicídios verificados na Noruega), a Inglaterra, a Holanda, o Canadá, os Estados Unidos e a Austrália.

A grande maioria das publicações internacionais remonta à década de 1990. Uma considerável quantidade de documentos científicos de todo o mundo passou a transmitir conhecimentos sobre suas causas e estratégias preventivas, como, por exemplo, Olweus, 1993; Whitney e Smith, 1993; Pepler, Craig, Ziegler e Charach, 1993; Smith e Sharp, 1994; Genta et al., 1995; Ross, 1996; Rigby, 1996; Almeida, Pereira e Valente, 1997; Doanidou e Xenakis, 1998; Ortega e Angulo, 1998; Ohsako, 1999; Pereira, Neto, Marques e Angulo, 2001. Nessa mesma época, diversas campanhas e programas conseguiram reduzir a incidência de comportamentos agressivos e intimidatórios nas escolas, principalmente na Europa. No Brasil, os estudos são recentes, tendo como referência as pesquisas realizadas por Cléo Fante (2000 a 2003), no interior do estado de São Paulo, região de São José do Rio Preto, e Lopes Neto e Saavedra (2003), através da ONG Abrapia, no município do Rio de Janeiro (Fante, 2010: 15)

Historicamente, o *bullying* não era percebido como um problema que precisasse de atenção, por ter sido aceito como elemento fundamental e normal da infância (Campbell, 2005; Limber e Small, 2003). Entretanto, nestas três últimas décadas, a visão disso mudou, assim como a sua ocorrência, que extrapolou o ambiente físico escolar e adentrou o ambiente virtual.

O *bullying* é visto como um fenômeno crescente, que preocupa as escolas e os seus profissionais. Atinge tanto os estabelecimentos públicos quanto os privados, sem distinção. Atormenta a vida dos estudantes que, inseguros e com medo, perdem a motivação para os estudos, deixam de comparecer às aulas, têm seu processo de aprendizagem comprometido, adoecem ou até desistem de estudar.

Tal fenômeno também envolve e preocupa as famílias – que muitas vezes não sabem o que fazer e a quem recorrer –, as autoridades e a sociedade de uma forma geral. É um problema que desafia não só a área de educação, mas também de saúde, uma vez que pode afetar a parte psicológica e a saúde das crianças, especialmente daquelas que são vitimadas. Também preocupa os Conselhos Tutelares, a assistência social, o Ministério Público, a Vara da Infância, ou seja, as instituições e atores sociais que trabalham para assegurar os direitos das crianças e dos adolescentes.

Universalmente, o *bullying* é conceituado como sendo um conjunto de comportamentos, intencionais e repetitivos, adotado por um ou mais estudantes, sem motivação evidente, causando dor e sofrimento, dentro de uma relação desigual de poder, o que possibilita a intimidação.

Segundo Costantini (2004), "é uma ação de transgressão individual ou de grupo, que é exercida de maneira continuada, por parte de um indivíduo ou de um grupo de jovens definidos como intimidadores nos confrontos com uma vítima predestinada".

De acordo com Fante:

O *bullying* envolve todos os estudantes, sejam como vítimas, autores ou espectadores. Propicia um ambiente escolar desfavorável à construção da cidadania e promoção do respeito à dignidade humana, da solidariedade, da compaixão e do compromisso com o outro. As vítimas são diretamente afetadas em sua autoestima e capacidade de reação, uma vez que são importunadas ou expostas repetidamente a situações humilhantes, ameaçadoras, difamatórias, intimidatórias, excludentes. Dependendo da gravidade, os efeitos podem resultar em sequelas que podem acompanhá-las para além do período acadêmico (2010: 08).[2]

---

[2] FANTE, C. *Trabalhando a prevenção do* bullying *na escola*. Campanha Aprender sem Medo. São Luís-MA: Plan Brasil/Unigraf, 2010.

Os autores de *bullying* humilham e hostilizam suas vítimas, por meio de apelidos constrangedores, gozações, perseguições, calúnias, difamações, ameaças. As agressões são deliberadas e cruéis, com o intuito de ferir o outro e colocá-lo em situação de inferioridade e tensão. Podem ocorrer de diversas formas: verbal, moral, sexual, física, material, psicológica, social e virtual. Esta última, denominada *cyberbullying*, é decorrente das diversas ferramentas tecnológicas – como a internet, os celulares, as câmeras fotográficas –, da falsa crença no anonimato e na impunidade.

Tanto no ambiente escolar quanto no ambiente virtual, as ações são premeditadas e têm por objetivo ferir, intimidar, inferiorizar, especialmente aqueles que são considerados "diferentes", seja em seu aspecto físico ou psicológico, maneira de ser, de vestir, de falar, orientação sexual, condição social, raça, desempenho escolar. É, sem dúvida, uma das facetas da violência que impregna as relações humanas em todas as sociedades, estando, portanto, intrinsecamente relacionado à intolerância e ao preconceito, sobretudo, contra aqueles que fogem a determinados padrões estéticos e comportamentais valorizados socialmente.

Ainda segundo Costantini:

> Não são conflitos normais ou brigas que ocorrem entre estudantes, mas verdadeiros atos de intimidação preconcebidos, ameaças, que, sistematicamente, com violência física ou psicológica, são repetidamente impostos a indivíduos particularmente mais vulneráveis e incapazes de se defenderem, o que os leva no mais das vezes a uma condição de sujeição, sofrimento psicológico, isolamento e marginalização (p. 69).[3]

---

[3] COSTANTINI, Alessandro. *Bullying*; como combatê-lo. São Paulo: Itália Nova, 2004.

2. O que não é bullying

Os conflitos são inevitáveis, acontecem de forma natural nas relações sociais e, entre os estudantes, não poderia ser diferente. Geralmente, os conflitos são motivados por divergências de posicionamentos, de ideias, de opiniões, de gostos, de formação de grupos de trabalhos ou equipes esportivas, por ciúme, inveja, traições, fofocas etc. Quando não mediados ou mal resolvidos, podem gerar discussões e brigas, e estas resultar em agressões ou violências, que geralmente são atos pontuais.

Por outro lado, as brincadeiras entre os estudantes também acontecem de forma natural, o que torna o ambiente escolar descontraído e acolhedor. Algumas são engraçadas, outras de mau gosto, tendenciosas ou inconsequentes e sua aceitação dependerá dos limites de cada participante. No entanto, quando as brincadeiras extrapolam o grau de suportação do indivíduo e se tornam fonte de constrangimento e humilhação ou se convertem em atos agressivos e abusivos, perde o caráter de diversão e se transforma em violência, que pode ser pontual ou recorrente.

Há que se pensar, ainda, em outras atitudes desempenhadas pelos estudantes, como as incivilidades, o desrespeito, a indisciplina. De acordo com o autor Saul Jesus (1999: 31), "a indisciplina dos alunos integra todos os comportamentos e atitudes que estes apresentam como perturbadores e inviabilizadores do trabalho que o professor pretende realizar".

A autora Maria Silva (2001: 9) apresenta uma definição mais direta e incisiva: "a indisciplina nos remete para a violação de normas estabelecidas o que, em contexto escolar, impede ou dificulta o decorrer do processo de ensino-aprendizagem".

Para os autores, Amado e Freire (2002: 7) e Lourenço (2003: 1):

> Os conceitos de disciplina e de indisciplina estão associados à necessidade de os seus membros se regerem por normas e regras de conduta e de funcionamento que facilitam quer a integração de cada pessoa no grupo – classe, e na organização escolar em geral –, quer na convivência social decorrente da definição de um quadro de expectativas que tornem os comportamentos previsíveis.[4]

Para os professores não é nada fácil traçar a linha que demarca os comportamentos de indisciplina dos comportamentos violentos que ocorrem em contexto escolar. De acordo com Veiga (2001: 15), "por *indisciplina* entende-se a transgressão das normas escolares, prejudicando as condições de aprendizagem, o ambiente de ensino ou o relacionamento das pessoas na escola", ao passo que "a *violência*" (cit. Fischer, 1994: 15) é definida como o "recurso a força para atingir o outro na sua integridade física e/ou psicológica".

Já a autora Azevedo (2004: 3) refere que "a violência pode ser revestida de diversas formas, mas, num sentido restrito, pode ser definida como uma ruptura brusca da harmonia num determinado contexto, podendo ser sob a forma de utilização da força física, psíquica, moral, ameaçando ou atemorizando os outros". A autora distingue, ainda, a violência de caráter público daquela que se reporta a um âmbito mais privado. Enquanto a primeira assume maior visibilidade,

---

[4] AMADO, João; FREIRE, Isabel (2002). *Indisciplina e violência na escola*; compreender para prevenir. Porto: Edições Asa; LOURENCO, Abilio (2003). *A indisciplina na escola*; uma abordagem comportamental e causal. Porto: Universidade Fernando Pessoa.

"influi e distorce a imagem da sociedade", provocando na opinião pública mais "polêmica". A segunda "é mais recôndita, como é o caso da violência familiar, com o cônjuge ou com os descendentes".

Patrick Boumard (2006: 231) chama a nossa atenção para a necessidade de se proceder a distinção entre conceitos como *transgressão*, *violência* e *incivilidade*, que remetem para realidades dessemelhantes. A transgressão, considerada "o termo mais geral", relaciona-se com o desrespeito de uma norma, e "não remete necessariamente para uma agressão", como acontece com a violência, essa sim resultado de "uma forma particular de transgressão, que implica um ataque (uma investida) grave à integridade física ou moral de uma pessoa (resta saber o que será considerado como 'grave')".

Note-se que o *bullying* não se trata de conflitos não resolvidos, de brincadeiras da idade, de atos de indisciplina, incivilidade ou transgressões às normas escolares. Trata-se de violência gratuita e persistente, em que a vítima é atacada sem que tenha oferecido motivos para tal. Trata-se de abuso sistemático do poder, que ocorre entre pares, de forma maldosa, deliberada e que persiste, muitas vezes, durante semanas, meses ou anos, fazendo com que a vítima não consiga se defender sozinha (Pereira, 2001; Smith e Sharp, 1994). Seus efeitos são negativos para as crianças, tanto as vítimas quanto os agressores, bem como para os observadores passivos, ou seja, as crianças que assistem a essas práticas e que nada podem fazer para ajudar (Bond et al., 2001).

Trata-se de um processo que ocorre na esfera coletiva, caracterizando-se, portanto, como um fenômeno social. Salmivalli et al. (1998) e Salmivalli e Voeten (2004) salientam que é necessário muitos estudos empíricos para se poder entender como ocorre esse processo de vitimização entre pares, especialmente no Brasil, onde há escassez de pesquisas científicas, embora com um grande número de projetos, congressos, seminários e outros fóruns de debates. A necessidade desses estudos se explica pelo fato de que o *bullying*, se não identificado e evitado, pode acarretar prejuízos psicológicos para as crianças envolvidas, tanto para as agressoras e as agredidas como para as observadoras passivas.

Apesar da clareza da definição do termo *bullying*, ainda há divergências em sua aplicabilidade, talvez, em decorrência dos estudos serem recentes, na maioria dos países, e da carência de pesquisas mais aprofundadas que avaliem seus impactos ao longo do tempo. Tais divergências são percebidas nas declarações dos especialistas no tema, profissionais da comunicação social, da educação, da saúde, do Direito e até mesmo em legislações em vigor em diversos países.

Algumas das leis – especialmente em estados americanos – definem como *bullying* desde as práticas de condutas abusivas contra estudantes e empregados da escola ou voluntários até a destruição de propriedade pública e conduta que altere significativamente a rotina de trabalho da escola, que cause inquietação no aluno e nos empregados da escola e que prejudique o ambiente escolar.

O que se há de notar é que, por definição, o *bullying* ocorre nas relações interpessoais, entre pares. Portanto, não faz sentido que essa forma de violência tipifique condutas de destruição de propriedade pública ou abusos na relação adulto/estudante ou estudante/adulto, uma vez que estas não se configuram relações entre pares. Outro fator que deve ser considerado ao tipificar uma ação como *bullying* é a ausência de motivos que justifiquem o ato. Isso pressupõe que a vítima nada faz para ser atacada, denotando a gratuidade do ato.

Há, ainda, que se considerar o desequilíbrio de poder entre as partes, cujo diferencial está ao nível dos jovens, podendo ser percebido em relação à diferença entre forças físicas, emocionais ou sociais. Portanto, o desequilíbrio é que proporciona vantagem de poder do(s) autor(es) sobre a vítima, possibilitando, com isso, um processo de vitimação contínuo e danos decorrentes. Por outro lado, facilita-lhe, ao agressor, a conquista de status perante o grupo classe/escola, o que garante popularidade e aceitação e/ou temor.

Identificar uma ação como *bullying* não é tão simples. Por isso, é imprescindível que os diversos profissionais tenham pleno entendimento, para que encaminhamentos, atendimentos e procedimentos não sejam equivocados.

Infelizmente, tais equívocos também acontecem em nosso país, onde já se percebe divergência na aplicação do termo *bullying*, motivo pelo qual se convencionou, entre os estudiosos que se têm dedicado ao tema, empregá-lo somente quando ocorre na relação entre pares (estudantes), seja no ambiente escolar ou virtual.

Apesar da preocupação com o conceito de *bullying*, indivíduos e instituições o vêm usando para qualificar muitas das ações agressivas entre os estudantes, quando na verdade são atitudes de intolerância, discriminação, preconceito. Como exemplo, podemos citar alguns dos casos veiculados na mídia, como o da estudante que, por usar um vestido curto, foi discriminada por seus colegas universitários. Ou o da jovem que, ao chegar à universidade, se deparou com os muros pichados com palavrões que a ofendiam e também a sua mãe. Ou, ainda, o de uma participante de um *reality show*, que, por não ter o corpo escultural e ter um "gênio difícil", sofreu constrangimentos por parte dos participantes e de espectadores. Ainda podemos citar o "Rodeio das Gordas", ocorrido durante os jogos universitários, numa cidade do interior paulista, em que jovens acima do peso ou obesas foram desrespeitadas e humilhadas publicamente.

Nota-se que a maioria das escolas tem se esforçado para entender o fenômeno e orientar seus profissionais, estudantes e pais. Inegavelmente, esse assunto é de extrema relevância e de urgente contenção, porém, a visibilidade que os meios de comunicação têm dado, muitas vezes tratando o tema de forma alarmista ou equivocada, acaba por confundir a opinião pública. Fato esse que pode gerar risco de generalizações – todos os problemas entre estudantes se tornam *bullying* –, podendo causar a banalização ou legitimar esse tipo de ocorrência.

Evidentemente que as escolas não são "ilhas de paz" e não estão imunes às violências. No entanto, há que se notar que o *bullying* é uma forma de violência que compromete e envolve todos os estudantes, direta ou indiretamente.

Segundo Olweus (1993), os envolvidos nesse tipo de violência são claramente identificados, ou seja, sempre há um agressor (líder), um grupo de seguidores (reforçadores), testemunhas e uma ou mais vítimas excluídas da interação social.

Salmivalli et al. (1998), em seus estudos sobre a composição ecológica do grupo de pares no *bullying*, relata que existe um outro grupo de crianças que atuam como vítimas e como agressores ao mesmo tempo. A essas crianças ele denominou de *bully-victims*, ou agressoras-vítimas.

Olweus afirma ainda que as vítimas podem ser *passivas*, ou seja, isoladas (excluídas), introvertidas e/ou inibidas; também se caracteriza por apresentar uma percepção negativa de si mesmas e da situação em si, uma vez que não possuem meios para inverter tal situação. Podem ainda se apresentarem provocativas, *com* comportamento agressivo e/ou ansioso, irritando ou provocando tensão no contexto grupal no qual se encontram inseridas, gerando, consequentemente, a exclusão do grupo de pares (Olweus, 1993; Lisboa, 2005).

Outros estudos, como os de Hodges et al. (1999) e Fante (2005), apontam que as crianças vitimizadas tendem a apresentar maiores problemas afetivos e de comportamento, como depressão, ansiedade e suicídio. Olweus (1993) diz que crianças com menos idade tendem a sofrer maior vitimização e a atuar como agressoras em processos de *bullying*. Com a passagem para a adolescência e à medida que se desenvolvem física e emocionalmente, essas crianças possuem menos chances de sofrer vitimização por parte de seus pares.

Portanto, o *bullying* é um fenômeno preocupante, que envolve crianças muito pequenas, deixando marcas que podem resultar em sequelas para além do período escolar. Pode-se identificar sua ocorrência entre crianças de três a quatro anos de idade. Obviamente, suas ações possuem menor gravidade do que as praticadas por adolescentes. No entanto, as consequências podem afetar o desenvolvimento e a formação da personalidade.

Segundo Veiga (2004), é na infância que a criança começa a desenvolver um perfil de agressor ou de vítima. Afirma também que, nessa trajetória, pode adotar dois tipos de comportamentos: exageradamente agressivo, sem nunca pensar antes de agir, ou de inibição, tornando-se uma pessoa medrosa, que não consegue se defender.

Nesse sentido, Costantini diz:

> (...) o *bullying* tem origem na irrupção e falta de controle do sentimento de intolerância nos primeiros anos de vida, cujas

consequências nas faixas etárias seguintes (estando ausentes reações educativas duras) são atitudes de transgressão e de falta de respeito ao outro, as quais tendem a consolidar-se, transformando-se em esquemas mentais e ações de intimidação sistemática contra aqueles que são mais fracos (op. cit., p. 68).

Estudos mundiais indicam que o *bullying* envolve de 6% a 40% dos estudantes, podendo ser identificado nos primeiros anos escolares, porém, o agravamento dos casos aumenta conforme o grau de escolaridade, atingindo o ápice na adolescência – entre 11 e 15 anos – e podendo persistir em outros ambientes, como no universitário e laboral. Ressalta-se que na relação entre pares adultos, geralmente, se emprega o termo assédio moral.

No que se refere aos locais de incidência, demonstram que é mais comum ocorrer no pátio escolar, especialmente no horário de recreio, quando a supervisão de adultos é menor ou inexiste. No entanto, é frequente ocorrer na sala de aula com a presença do docente, fato que indica a omissão ou despreparo profissional para lidar com o problema.

Em relação ao sexo, os meninos são os maiores praticantes de *bullying*. Utilizam mais a agressão direta, física e verbal, enquanto as meninas utilizam a agressão indireta, por meio de ofensas morais e exclusões sociais.

3. Alguns dados sobre o bullying

No Brasil, as primeiras pesquisas foram realizadas por mim (2000-2003) na região de São José do Rio Preto, interior paulista, com um grupo de dois mil estudantes de 5ª a 8ª séries, de estabelecimentos públicos e privados, cujos resultados apontaram o envolvimento de 49% dos participantes. Em decorrência dos resultados encontrados, desenvolvi um programa de enfrentamento, o qual denominei "Programa Educar para a Paz", composto de estratégias que visam diagnosticar, intervir, encaminhar e prevenir o fenômeno, privilegiando o envolvimento de toda a comunidade escolar, além de diversas instituições e atores sociais.

Outras pesquisas foram realizadas no país, porém, de forma setorizada ou não direcionada exclusivamente ao tema. Nesse sentido, ressalta-se a importância da pesquisa que coordenei no ano letivo de 2009, realizada pela ONG Plan International Brasil,[5] a qual revelou dados inéditos sobre o *bullying* nas escolas brasileiras. Participaram dessa pesquisa 5.168 estudantes de 5ª a 8ª séries, de escolas públicas e privadas, das cinco regiões do país.

O estudo foi realizado por meio da coleta e da análise de dados quantitativos e qualitativos, com foco nas seguintes dimensões do tema:

- incidência de maus-tratos e de *bullying* no ambiente escolar;
- causas de maus-tratos e de *bullying* no ambiente escolar;
- modos de manifestação de maus-tratos e de *bullying* no ambiente escolar;
- perfil dos agressores e das vítimas de maus-tratos e de *bullying* no ambiente escolar;
- estratégias de combate aos maus-tratos e ao *bullying* no ambiente escolar.

---

[5] Pesquisa disponível no site: <www.plan.org.br>.

Os dados mostraram que quanto mais frequentes os atos repetitivos de maus-tratos contra um determinado estudante, mais longo é o período de duração da manifestação dessa violência. Tal constatação demonstra que a repetição das ações de *bullying* fortalece a iniciativa dos agressores e reduz as possibilidades de defesa das vítimas, indicando ser essencial uma ágil identificação dessas ações e imediata reação de repúdio e contenção.

A pesquisa mostra que a ocorrência de *bullying* emerge em um clima generalizado de violência no ambiente escolar, considerando-se que 70% da amostra de estudantes responderam ter presenciado cenas de agressões entre colegas, enquanto 30% deles declararam ter vivenciado ao menos uma situação violenta no mesmo período.

Quanto ao *bullying*, caracterizado como ações de maus-tratos repetitivos entre pares – tendo como base frequência superior a três vezes durante o ano letivo pesquisado –, os dados revelam que 17% dos alunos estão envolvidos, sendo que 10% disseram ser vítimas, 10% autores e 3% disseram reproduzir os maus-tratos sofridos, se convertendo em vítimas e autoras ao mesmo tempo. Revelam também que a incidência maior está entre os adolescentes na faixa de 11 a 15 anos de idade e alocados na 6ª série do ensino fundamental.

Os participantes tiveram dificuldade em indicar os motivos que os levam a praticar ou sofrer esse tipo de ação. No entanto, tendem a considerar que os agressores buscam obter popularidade junto aos colegas, que necessitam ser aceitos pelo grupo de referência e que se sentem poderosos em relação aos demais, tendo esse "status" reconhecido na medida em que seus atos são observados e, de certa forma, consentidos pela omissão e falta de reação dos atores envolvidos.

Quanto às vitimas, são sempre descritas pelos respondentes como pessoas que apresentam alguma diferença em relação aos demais colegas, como um traço físico marcante, algum tipo de necessidade especial, o uso de vestimentas consideradas diferentes, a posse de objetos ou o consumo de bens indicativos de status socioeconômico superior ao dos demais alunos. São vistas pelo conjunto de respondentes como pessoas tímidas, inseguras e passivas, o que faz com que os agressores as considerem merecedoras das agressões, dado seu comportamento frágil e inibido.

Os próprios alunos não conseguem diferenciar os limites entre brincadeiras, agressões verbais relativamente inócuas e maus-tratos violentos. Tampouco percebem que pode existir uma escala de crescimento exponencial dessas situações. Isso também indica que as escolas não estão preparadas para evitar essa progressão em seu início, nem para clarificar aos alunos quais são os limites e quais são as formas estabelecidas para que sejam respeitados por todos.

A pesquisa mostra que é maior o número de vítimas do sexo masculino: mais de 34,5% dos meninos pesquisados foram vítimas de maus-tratos ao menos uma vez no ano letivo de 2009, sendo 12,5% vítimas de *bullying*, caracterizado por agressões com frequência superior a três vezes. Apesar das altas frequências de práticas violentas, os alunos do sexo masculino pesquisados tendem a minimizar a gravidade dessas ocorrências, alegando que foram brincadeiras de mau gosto ou que não dão importância aos fatos porque os colegas não merecem ser considerados. Já as meninas que sofreram maus- -tratos ao menos uma vez durante o ano de 2009 (23,9% da amostra de meninas pesquisada) ou tornaram-se vítimas de *bullying* (7,6% dessa mesma amostra) apresentam outro padrão de resposta às agressões sofridas, manifestando sentimentos de tristeza, mágoa e aborrecimento.

Quanto ao local de maior incidência, foi apontada a sala de aula: 12,7% sem a presença do professor e 8,7% com o professor, seguido do pátio de recreio, 7,9%. Os espaços de pouca visibilidade, como corredores, 5,3%, e banheiros 1,5%, enquanto no espaço externo à escola o índice encontrado foi de apenas 2%.

Quanto ao *cyberbullying*, os dados revelam que 31% dos respondentes estão envolvidos, sendo que 17% são vítimas, 18% são praticantes e 4% são vítimas e praticantes ao mesmo tempo. Independentemente da idade das vítimas, o envio de e-mails maldosos é um tipo de agressão mais frequente, sendo praticado com maior frequência por alunos do sexo masculino. Entre as meninas pesquisadas, o uso de ferramentas e de sites de relacionamento são as formas mais utilizadas. As demais formas de maus-tratos no ambiente virtual também apresentam pouca variação conforme a idade das vítimas. Pequenas variações desses padrões estão presentes na frequência um pouco superior do uso de ferramentas e sites de relacionamento por alunos de 11 e 12 anos, na invasão de e-mails pessoais e no ato de passar-se pela vítima, ambos praticados por alunos de 10 anos.

Embora gestores e professores admitam a existência de uma cultura de violência pautando as relações dos estudantes entre si, as escolas não demonstraram estar preparadas para eliminar ou reduzir a ocorrência do *bullying* (Fante, 2010: 10-12).

Estudos alertam para as consequências do *bullying*, em especial quanto às vítimas. No âmbito acadêmico estas podem ter seu processo de aprendizagem comprometido, sendo notados problemas como déficit de concentração, desmotivação pelos estudos, queda do rendimento, absentismo, reprovação e evasão escolar. No âmbito da saúde, a queda da autoestima e da confiança em si mesmas pode resultar em estresse, sintomas psicossomáticos, transtornos psicológicos, depressão, suicídio. Em alguns casos, onde o grau de sofrimento é extremo, o desequilíbrio emocional pode resultar em tragédias, como as ocorridas nas escolas de Columbine, Virgínia Tech (EUA); Taiuva e Remanso (BR), Carmen de Patagones (ARG).

Quanto aos autores, seu comportamento agressivo pode se solidificar com o tempo, comprometendo as relações afetivas e sociais, além da aprendizagem de valores humanos, como a solidariedade, a empatia, a compaixão, o respeito a si mesmo e ao outro, o que afetará as diversas áreas de sua vida. Muitos tendem à depressão, ao suicídio, à autoflagelação, ao envolvimento em delinquência, uso de drogas e criminalidade. Futuramente, podem até cometer violência doméstica e assédio moral no trabalho.

Diversos estudos africanos sugerem que a experiência infantil de *bullying* aumenta o comportamento antissocial e a adoção de riscos na vida adulta. Nos EUA, os estudos mostram que 60% dos intimidadores tendem a ter, no mínimo, uma condenação penal até os 24 anos.

Há fortes suspeitas de que as crianças ou jovens que praticam o *bullying* têm grande probabilidade de se tornarem adultos com comportamentos antissociais, psicopáticos e/ou violentos, tornando-se, inclusive, delinquentes ou criminosos. Normalmente o agressor acha que todos devem atender seus desejos de imediato e demonstra dificuldade de colocar-se no lugar do outro (Ballone, 2005).[6]

---

[6] BALLONE, G. J. Maldade da infância e adolescência; *bullying*. In: *PsiqWeb, Internet*. Disponível em: <www.psiqweb.med.br>, revisto em 2008. Acesso em: 29 jul. 2010.

Quanto aos espectadores, o fato de testemunharem as agressões pode afetar seu desenvolvimento sociomoral, o que contribui para a escassez da empatia, insensibilidade ao sofrimento e sentimentos alheios, insegurança pessoal, medo do futuro e deficiente desenvolvimento de valores prossociais, entre outros aspectos. Estudos relatam que, embora o espectador não experimente o mesmo grau de ansiedade que a vítima, em alguns casos poderá sentir-se indefeso, assim como a vítima (Martinez, 2002: 21).

De acordo com Mário Felizardo (2007):

> A partir da análise das consequências individuais e coletivas da participação de cada um dos envolvidos, é evidente que o *bullying* praticado nas escolas de hoje, projetado para o futuro, significa violência doméstica, alcoolismo e drogadição, assédio moral no trabalho, criminalidade e altos investimentos na área da saúde, na construção de presídios e na estrutura da justiça e da segurança. Neste sentido, outros países tratam o tema com a maior relevância. Podemos afirmar que estamos, pelo menos, 15 anos atrasados nesta questão.[7]

Estudos conduzidos em diversos países tentam explicar as causas do *bullying*. Porém, as explicações apontam para um conjunto de fatores causais. Segundo Fante (2010: 23), as causas apontadas entre os pesquisadores podem ser assim compreendidas:

- modelos de resolução de conflitos por meio de atitudes agressivas, humilhantes ou violentas, substituindo o diálogo e a orientação;

---

[7] Mário Felizardo é um oficial de proteção da infância e da juventude do Poder Judiciário e coordenador do projeto "Iniciativa por um Ambiente Escolar Justo e Solidário".

- violência doméstica contra crianças e adolescentes;
- negligência ou omissão da família pela vida escolar e social dos filhos;
- carência afetiva e ausência da família, possibilitando o distanciamento e a insegurança;
- dificuldades emocionais e de relacionamentos interpessoais;
- excessiva permissividade e dificuldade de estabelecimento de limites por parte dos pais e/ou responsáveis;
- exposição prolongada às inúmeras cenas de violência exibidas pelos diversos meios de comunicação e informação;
- estímulo exacerbado à competitividade e ao consumo;
- crise ou ausência de valores humanos;
- atitudes culturais como intolerância e preconceito, geradoras de discriminação e ódio sistemático contra indivíduos e grupos específicos;
- hierarquização nas relações de poder estabelecidas em detrimento da fraqueza de outros;
- omissão e despreparo profissional e institucional;
- Falta de canais de comunicação e de expressão de sentimentos;
- ausência de punição;
- políticas escolares inadequadas;
- falta de investimentos e políticas públicas específicas.

4. Como enfrentar o problema

O *bullying* se converteu em um problema social e como tal requer medidas urgentes de intervenção e prevenção. Cabe às escolas o desenvolvimento de programas *antibullying*, de acordo com as suas peculiaridades, sendo que devem envolver toda a comunidade escolar.

Todos os programas *antibullying* devem ver as escolas como sistemas dinâmicos e complexos, não podendo tratá-las de maneira uniforme. Em cada uma delas, as estratégias a serem desenvolvidas devem considerar sempre as características sociais, econômicas e culturais de sua população (NETO, 2005).[8]

Nos mais diversos países, programas *antibullying* vêm sendo desenvolvidos e seus resultados têm se mostrado efetivos. No Reino Unido, todas as escolas são obrigadas a ter um plano *antibullying* e que integre normas disciplinares claras. No Canadá e EUA foram introduzidos no currículo escolar planos de prevenção contra o *bullying*, podendo as escolas ser responsabilizadas por omissão. Na Noruega, foi instituído em todas as escolas um programa que prevê, entre outras medidas que devem ser tomadas em conjunto, a adoção de regras claras, a constituição de comissões *antibullying* nas escolas, a capacitação de docentes e demais profissionais para a intervenção, a realização de encontros com estudantes e pais de envolvidos, a aplicação de medidas de apoio às vítimas. Em Portugal, o *bullying* está sendo amplamente discutido e foi incluído no programa de educação para a saúde – associado à saúde mental –, além disso, deve integrar o projeto educativo das escolas. Em muitos outros países programas estão sendo desenvolvidos nas escolas na tentativa e deter e prevenir o fenômeno.

---

[8] Aramis Lopes Neto é médico pediatra e coautor do livro *Diga não ao bullying*. Abrapia: Rio de Janeiro. 2003.

Em nosso país, o programa "Educar para a Paz", por mim desenvolvido, foi pioneiramente implantado entre os anos de 2002 a 2004, na Escola Municipal Luiz Jacob, em São José do Rio Preto, interior paulista. Os resultados foram notados no primeiro semestre de implantação do programa, reduzindo a incidência do *bullying* em 10%. Após quatro semestres de implantação, a realidade escolar apresentava apenas 4% de incidência, o que antes foi diagnosticado em 66%.

Devido aos resultados favoráveis, o programa tornou-se referência em todo o país, como instrumento de enfrentamento ao *bullying* escolar. Atualmente, está em desenvolvimento na Escola Municipal Lúcia Novaes, no município de Cedral/SP, e sendo implantado em oito escolas públicas do Estado do Maranhão – nas cidades de Codó, Timbiras, São Luís e São José do Ribamar –, por iniciativa da ONG Plan International Brasil, em parceria com secretarias municipais de educação, como alternativa no enfrentamento ao *bullying* e considerando-se os dados coletados em sua pesquisa nacional.

O programa tem por objetivo sensibilizar a comunidade escolar para a relevância do problema e a necessidade de enfrentamento por meio de ações promotoras da cultura de paz. Objetiva também incentivar o *advocacy*, a criação de leis, políticas públicas e investimentos contra o *bullying* e a proteção integral à criança e ao adolescente, por entender que a violência, em suas diversas formas, representa uma violação dos direitos humanos da criança, em especial dos direitos à integridade física e dignidade humana e igual proteção perante a lei. Além de violar o direito à educação, à segurança, ao desenvolvimento, à saúde e à sobrevivência.

O desenvolvimento de políticas públicas e investimentos em programas de capacitação profissional – atendimentos médico, psicológico, assistencial e jurídico aos envolvidos e familiares –, campanhas de conscientização veiculadas nos meios de comunicação, incentivo à criação de leis *antibullying* nas diversas esferas são prioridades absolutas do programa.

Nesse sentido, vale ressaltar que inúmeros projetos de lei estão em discussão nas câmaras municipais e estaduais e muitos já estão em vigor. Os primeiros estados brasileiros a aprovarem lei sobre o *bullying* foram Paraíba e Santa Catarina. Também há lei em vigor em Pernambuco, Mato Grosso, Mato Grosso do Sul, Minas Gerais, Amazonas, Espírito Santo, Goiás, Amapá, Rio Grande do Sul, Rondônia, Ceará, Amazonas, Maranhão.

De acordo com as legislações, as escolas devem instituir programas preventivos, compostos por um conjunto de ações que visem reduzir o *bullying* e incentivar a cultura de paz. Dentre as ações, podemos citar: capacitação de docentes e equipe pedagógica para o diagnóstico, intervenção e encaminhamento de casos, formação de equipe multiprofissional para estudos e atendimentos de casos, envolvimento da comunidade escolar – pais, docentes, discentes, equipe pedagógica – nas discussões e desenvolvimento de ações preventivas, estabelecimento de regras claras sobre o *bullying* no regimento interno escolar, orientação às vítimas e seus familiares, encaminhamento de vítimas e agressores e seus familiares aos serviços de assistência médica, psicológica, social e jurídica, orientação aos agressores e seus familiares sobre as consequências dos atos praticados e aplicação de medidas educativas capazes de mudanças comportamentais significativas, parceria com a família dos envolvidos na resolução dos casos, implantação de sistema de registro de casos e procedimentos adotados, desenvolvimento de atividades que promovam a cidadania e a cultura de paz, dentre outras.

Também estão em discussão duas proposituras de leis em nível federal, sendo que uma já foi aprovada pela Comissão de Segurança Pública e Combate ao Crime Organizado e pela Comissão de Educação, na Câmara dos Deputados em Brasília. Este projeto propõe que, além das escolas, os clubes de recreação sejam obrigados a adotar medidas de conscientização, prevenção, diagnóstico e combate ao *bullying*. Apresenta também alterações no Estatuto da Criança e do Adolescente (ECA) e na Lei de Diretrizes e Bases da Educação (LDB). O projeto não criminaliza condutas, porém, busca garantir melhor enquadramento do *bullying* como medida de proteção à criança e ao adolescente. Dentre as medidas, ficou estabelecido que cabe aos dirigentes de estabelecimentos de ensino e de recreação comunicar ao Conselho Tutelar os casos de *bullying* e as providências adotadas para conter o abuso. Enquanto o outro projeto prevê a criminalização do *bullying*.

Considerações finais

Reconhecidamente, o *bullying*, enquanto violência, é um fenômeno complexo e multifatorial, que requer para o seu enfrentamento ações interdisciplinares, transdisciplinares e intersetoriais, além do comprometimento individual, profissional, comunitário, governamental.

Esse fenômeno se instala em nossas escolas e se reproduz de forma naturalizada, invisível e simbólica. É um sinalizador de que nas famílias, nas escolas e na sociedade, de um modo geral, as relações sociais entre os adultos devem ser reavaliadas, assim como os valores transmitidos às crianças e adolescentes. Estes se pautam em nossos exemplos e, sobretudo, na maneira como nos relacionamos e resolvemos os nossos conflitos. Portanto, os exemplos dos adultos são fundamentais tanto para dar origem e propagar o *bullying* quanto para a sua erradicação.

Estudos demonstram que os mais altos índices de *bullying* são encontrados em instituições onde o desrespeito e o autoritarismo dos adultos permeiam as relações sociais, onde não há diálogo e participação democrática da comunidade escolar, onde as regras não são claras ou não são cumpridas, onde os conflitos são resolvidos por meio de violência, onde há violação dos direitos de crianças e adolescentes.

Assim sendo, as instituições escolares devem priorizar, além da educação de qualidade, um ambiente escolar saudável e seguro, onde todos possam relacionar-se com respeito, valorizar as diferenças e conviver pacificamente.

Referências

AMADO, João; FREIRE, Isabel. *Indisciplina e violência na escola*; compreender para prevenir. Porto: Edições Asa, 2002.

BALLONE, G. J. Maldade da infância e adolescência; *bullying. PsiqWeb, Internet*. Disponível em: <www.psiqweb.med.br>, revisto em 2008. Acesso em: 29 jul. 2010.

BEANE, Allan L. *A sala de aula sem bullying*. Porto: Porto Editora, 2006.

BEAUDOIN, Marie-Nathalie; TAYLOR, Maurreen. *Bullying e desrespeito*; como acabar com essa cultura na escola. Porto Alegre: Artmed, 2006.

BOUMARD, Patrick. De la violence a l'ecole comme objet social non identifie a la reconnaissance des comportements deviants comme expression de la conscience multiple. In: ESTRELA, T.; MARMOZ, L. *Indiscipline et violence à l'école –Études Européennes*. Paris: L'Harmattan, 2006.

_____. Les principaux courants de recherches sur la violence a l'ecole en France. In: ESTRELA, T.; MARMOZ, L.

Indiscipline et violence à l'école – Études Européennes. Paris: L'Harmattan, 2006.

CAMPBELL, Marilyn. Cyber bullying: An Old Problem in a New Guise? *Australian Journal of Guidance and Counselling,* 2006, 15: 68-76.

COSTA, Emilia; VALE, Dulce. *A violência nas escolas.* Lisboa: Instituto de Inovação Educacional, 1998.

COSTANTINI, Alessandro. *Bullying*; como combatê-lo. São Paulo: Itália Nova, 2004.

DUBET, Francois; VETTENBURG, Nicole. *Violence à l'école: sensibilization, prevention, répression.* Bruxelles: Editions du Conseil de l'Europe, 1998.

_____. *Violence à l'école*; sensibilization, prevention, répression. Bruxelles: Editions du Conseil de l'Europe, 1998.

DUPAQUIER, Jacques. *La Violence en Milieu Scolaire.* Paris: Presses Universitaires de France, 2000.

_____. *La Violence en Milieu Scolaire.* Paris: Presses Universitaires de France, 2000.

FANTE, Cléo. *Trabalhando a prevenção do* bullying *na escola.* Campanha Aprender sem Medo. São Luis: Unigraf, 2010.

_____. Programa de Enfrentamento ao *Bullying* Escolar. Plan International Brasil, 2010.

_____. *Bullying* no ambiente escolar. *Revista Jurídica Consulex,* 2010.

_____. *Fenômeno* bullying; como prevenir a violência nas escolas e educar para a paz. Campinas: Verus Editora, 2005.

_____; PEDRA, José Augusto. *Bullying escolar*; perguntas e respostas. Porto Alegre: Artmed, 2008.

FELIZARDO, Mário. *O fenômeno* bullying; iniciativa por um ambiente escolar justo e solidário. 2007. Disponível em: <http://www.diganaoaobullying.com.br/secao_dicas/artigos/artigo_4_mario.htm>. Acesso em: 28 jul. 2010.

JESUS, Saul (1999). *Como prevenir e resolver o stress dos professores e a indisciplina dos alunos?* Porto: Edições ASA. (Coleção Cadernos CRIAP.)

LOURENÇO, Abílio. *A indisciplina na escola*; uma abordagem comportamental e causal. Porto: Universidade Fernando Pessoa, 2003.

MARTINEZ, Jose Ma Aviles (2002). *Bullying – Intimidación y maltrato entre el alumnado. Stee-Eilas*. Disponível em: <http://www.steeeilas.org/DOK/arloak/lan_osasuna/gaiak/Bullying/bullying_g.htm#libro>. Acesso em: 22 jul. 2008.

NETO, Aramis Lopes; SAAVEDRA, Lucia Helena. *Diga não ao* bullying. Rio de Janeiro: Ed. Abrapia, 2003. Projeto "Diga não ao *bullying*". Disponível em: <http://www.diganaoao-bullying.com.br>. Acesso em: 28 jul. 2010.

SEGURANÇA PÚBLICA E *BULLYING*

*Marcos Rolim**

Introdução

Em que pese a importância do fenômeno *bullying* e a atenção que tem despertado em todo o mundo nas últimas décadas, somente agora o tema começa a merecer alguma consideração pública no Brasil. Não firmamos ainda uma tradição de pesquisas sobre esse assunto e estamos longe de ter políticas públicas capazes de produzir resultados efetivos na prevenção. Após os estudos pioneiros de Cléo Fante, poucos são os pesquisadores que se têm dedicado ao assunto em nosso país. Ao mesmo tempo, como regra, os governantes seguem ignorando o problema. Há também confusões conceituais importantes já observadas em matérias jornalísticas e mesmo em opiniões de entrevistados sobre o tema. Em algumas oportunidades, por exemplo, se tem empregado o conceito de *bullying* para tratar, genericamente, da violência existente

---

* Professor da cátedra de Direitos Humanos do Centro Universitário Metodista (IPA), em Porto Alegre, RS, doutorando em sociologia pela UFRGS e consultor em segurança pública. Autor do livro *Bullying: o pesadelo da escola* (Dom Quixote, 2010).

nas escolas, e há quem fale, equivocadamente, em *bullying* nas relações entre professores e alunos. Importa aqui assinalar, ainda que brevemente, que o fenômeno do *bullying* ocorre entre pares – entre pessoas cujas interações, portanto, não estão estruturadas hierarquicamente. Assim, ainda que sua prática pressuponha uma relação de poder – os agressores são quase sempre mais fortes fisicamente e/ou mais influentes no grupo do que as vítimas –, não há como identificar o fenômeno em relações verticais como aquelas que presidem o ato pedagógico. Por outro lado, nem toda violência entre pares assinala a emergência do *bullying*. Para que o problema seja diagnosticado, é fundamental que estejamos diante da vitimização repetida. É esta característica que confere ao *bullying*, aliás, seu potencial mais destrutivo, tornando-o capaz de transformar a vida das vítimas em um pesadelo.

Este texto procura discutir mais especificamente as consequências do *bullying* para autores e vítimas. Além dos problemas imediatos decorrentes desta prática e do sofrimento que costuma se prolongar por meses ou mesmo anos, interessa-nos, particularmente, discutir os efeitos de longo prazo produzidos pelo fenômeno. Para esta discussão, faremos referência à "hipótese do ciclo da violência" (*cycle-of-violence hypothesis*) que tem sido reforçada por muitas evidências colhidas em estudos longitudinais.[1] O exame dessas evidências permitirá compreender melhor as razões pelas quais o *bullying* deveria ser objeto de preocupação também por conta de suas possibilidades criminógenas.

---

[1] Tipo de pesquisa que acompanha os efeitos de determinadas variáveis sobre grupos de pessoas, em uma escala temporal significativa. No caso do *bullying*, temos já estudos do tipo que acompanharam vítimas e autores por períodos de 15 ou 20 anos.

1. Bullying e invisibilidade

As práticas de *bullying*, presentes especialmente nas escolas, são muitas vezes invisíveis para professores e pais. O cotidiano repetitivo de violações – que compreende desde as ocorrências de furtos, roubos, ameaças e agressões físicas, até as situações comuns de humilhações e de oferta sistemática do isolamento pela maledicência – perfaz como que o "pano de fundo" da escola, sendo raramente percebido em sua dinâmica destrutiva.

Quando grupos de crianças ou adolescentes se unem, formando pequenas "tribos" ou sólidas relações de amizade, é comum que definam, também, critérios de exclusão. Quando todos os grupos formados, entretanto, não incorporam os mesmos colegas, temos um tipo de condenação ao isolamento que pode ser particularmente dolorosa. Racismo e homofobia oferecem duas grandes vertentes deste tipo de exclusão. O mesmo se pode dizer dos preconceitos de natureza socioeconômica que costumam isolar os mais pobres de todos os grupos, como se aqueles integrassem uma casta de "intocáveis".[2]

Esse tipo de isolamento, quase sempre acompanhado por epítetos depreciativos lançados contra os excluídos, produz vergonha nas vítimas e lhes faz crer, muito frequentemente, que "há algo de errado com elas", e não com seus agressores. Meninas negras, que são marginalizadas na escola pelas colegas brancas, podem experimentar o desejo de serem brancas e terão muita dificuldade de perceber suas próprias tradições culturais como merecedoras de respeito e valorização. Da mesma forma, meninos cujo comportamento ou preferências

---

[2] Referência aos "dalits" ou "intocáveis", o estrato mais baixo no complexo sistema de castas que prevalece na Índia há 2.500 anos.

divergem do padrão de "virilidade" predominante – o que pode significar, tão somente, não gostar de jogar futebol, ou não partilhar dos rituais de agressividade que atraem a maioria de seus colegas – poderão ser estigmatizados como "gays". O mesmo tenderá a ocorrer com as meninas que não representem a encarnação dos estereótipos correntes de "feminilidade".

Percebe-se desse processo, normalmente, apenas algumas das suas manifestações espetaculares. Assim, por exemplo, um confronto físico, envolvendo vários agressores e vítimas, não pode escapar à atenção da escola. Em circunstâncias do tipo, entretanto, tudo se passa como se os fatos pudessem ser compreendidos como ocorrências avulsas e sem história. As manifestações mais disruptivas da violência na escola são, por isso mesmo, interpretadas a partir de uma chave explicativa que reduz o próprio fenômeno às características dos alunos diretamente envolvidos. O que se perde nessa abordagem, por óbvio, são as dinâmicas sociais que antecedem e acompanham as práticas violentas, por um lado, e as responsabilidades institucionais (da escola, bem entendido), por outro.

Por conta de seus valores culturais e de uma insensibilidade compartilhada institucionalmente, professores e membros das direções das escolas têm como "inofensivas" muitas das brincadeiras organizadas pelos alunos, entre elas a de atribuir aos outros apelidos estigmatizadores. Os apelidos, como se sabe, estabelecem uma nova identidade às pessoas, destacando alguma característica tomada como particularmente significativa. Muito raramente, entretanto, tal escolha seleciona uma virtude. Como regra, apelidos destacam o que se imagina ser uma deficiência ou uma diferença tomada como desvantajosa, ou desonrosa, ou, simplesmente, feia. Quase sempre, há algo que se projeta como ridículo ou humilhante na identidade atribuída ao apelidado. Assim, faz-se "graça" ao se promover um rótulo pelo qual se deprecia o outro.

Apelidar é uma ação que pressupõe determinado poder. Alunos não carismáticos, tímidos e sem qualquer influência em sala de aula, não costumam apelidar seus colegas. Mas, se tentarem fazê-lo, descobrirão quase sempre que sua iniciativa é inútil. Para que um apelido "pegue", é preciso que ele confirme uma relação de dominação, que reforce papéis ou posições já selecionadas intuitivamente pelo grupo. Por isso, os apelidados de forma mais cruel são normalmente aqueles que já se situam em posições desvantajosas diante de seus pares. Nesses casos, os apelidos se perpetuam, reforçando ainda mais os sintomas de ansiedade e depressão e diminuindo a autoestima das vítimas. Situação essa que está fortemente correlacionada ao mau desempenho escolar, à baixa frequência e à evasão e que, nos casos mais graves, pode levar ao suicídio.

Números divulgados no início de agosto de 2004 pelo Instituto Nacional de Estudos e Pesquisas Educacionais Anísio Teixeira (Inep/MEC) demonstraram que a rejeição que alguns estudantes sofrem na sala de aula, por parte dos colegas ou dos professores, tem significativo impacto no desempenho escolar. A média de rendimento dos alunos que se sentem "deixados de lado" na turma fica abaixo da obtida por aqueles que não vivenciam a mesma situação. Os dados constam do Sistema Nacional de Avaliação da Educação Básica (SAEB) e revelaram, pela primeira vez no Brasil, a influência da rejeição e da amizade na sala de aula no desempenho do estudante. Na quarta série, 13% dos alunos declaram se sentir "deixados de lado" na sua turma; outros 34% afirmam que essa situação ocorre de vez em quando; para 52% não há rejeição; e 1% não respondeu. Entre o conjunto de estudantes que dizem sempre se sentir "deixados de lado" na sala de aula, a média foi de 145,3 na prova de Língua Portuguesa do Saeb de 2003, enquanto a pontuação dos que declararam nunca terem sido rejeitados na turma chegou a 178,5, ou seja, 33,2 pontos a mais. Em Matemática, a diferença foi de 29,4 pontos (185,2 a 155,8).[3]

2. Consequências do bullying

Os especialistas nas áreas das ciências da saúde têm sublinhado muitas das consequências danosas da experiência com *bullying*. O médico Lopes Neto (2005), por exemplo, chama a atenção de seus colegas pediatras para alguns sintomas que podem ser identificados em vítimas desse tipo de violência, destacando: enurese noturna, alterações do sono, cefaleia, dor epigástrica, desmaios, vômitos, dores em extremidades, paralisias, hiperventilação, queixas visuais, síndrome do intestino irritável, anorexia, bulimia, isolamento, tentativas de suicídio, irritabilidade, agressividade, ansiedade, perda de memória, histeria, depressão, pânico, relatos de medo, resistência em ir à escola, insegurança por estar na escola, mau rendimento escolar e atos deliberados de autoagressão. Para esse autor, "reduzir a prevalência de *bullying* nas escolas pode ser uma medida de saúde pública altamente efetiva para o século XXI", sendo que os pediatras podem oferecer uma contribuição importante à prevenção do *bullying*:

> Como consultores em escolas, atuando nos departamentos de segurança pública ou em associações comunitárias, os pediatras devem esclarecer sobre o impacto que o *bullying* pode provocar sobre as crianças e os adolescentes e também

---

[3] Dados disponíveis em: <http://www.inep.gov.br/imprensa/noticias/saeb/news04_14.htm>.

sobre as escolas, indicando a importância de criar ambientes onde a amizade, a solidariedade e o respeito à diversidade sejam valorizados.

As evidências disponíveis amparam esta conclusão. Vítimas de *bullying* possuem até três vezes mais chances de sofrer com dores de cabeça e com dores abdominais, até cinco vezes mais chances de ter insônia e até duas vezes e meia mais chances de experimentar enurese noturna (DUE et al., 2005), quando comparadas com outras crianças. Problemas como ansiedade e insegurança, transtornos de saúde mental, depressão e sentimentos de tristeza, são outros sintomas muito comuns entre vítimas de *bullying* (Williams et al., 1996). É provável que outros problemas de saúde ou de transtornos que não foram até hoje estudados estejam também associados à experiência de vitimização. Mooney e Smith (1995), por exemplo, descobriram que 82% dos membros da Associação de Gagos na Inglaterra foram vítimas de *bullying* na infância,[4] e Hugh-Jones e Smith (1999), explorando os efeitos de longo prazo do *bullying*, notaram que, em 276 indivíduos com o distúrbio de gagueira (grupo com idade média de 38 anos), mais de 2/3 haviam sido vítimas de *bullying* uma vez por semana ou mais durante o período escolar. Cerca de metade destes relataram problemas persistentes em sua vida adulta, como, por exemplo, agressividade e sensações paranoicas.[5]

Estudo realizado na Inglaterra para o *British Charity Kindscape* confirmou que adultos vitimados por *bullying*

---

[4] MOONEY, S.; SMITH, P. K. Bullying and child who stammers. *British Journal of Special Education*, pp. 22, 24-27, 1995.

[5] HUGH-JONES, S.; SMITH, P. K. Self-reports of shortterm and long-term effects of bullying on people who stammer. *British Journal of Educational Psychology*, n. 69, 1999, pp. 141-158.

na infância relatam grandes dificuldades de relacionamento, baixa confiança nas pessoas, baixa autoestima e sequência de experiências de vitimização por *bullying* nas etapas posteriores de educação e no ambiente profissional (Elliot e Shenton, 1999).[6] Outro trabalho desenvolvido com 884 adultos na Espanha, Alemanha e Inglaterra que haviam sido alvos de *bullying* na infância encontrou baixa autoestima em comparação ao grupo de controle, forte presença de sentimentos de solidão e maior incidência de relatos sobre a dificuldade de manter amigos (Schafer et al., 2004).[7]

Alguns pesquisadores têm lidado com a hipótese de que os efeitos de longo prazo da vitimização por *bullying* sejam semelhantes aos de crianças sobreviventes ao abuso sexual. Carlisle e Rofes (2007) lembram que, nas duas situações, o agressor dispõe de um poder superior e viola a integridade psicológica da vítima – e não raro também sua integridade física, sendo sempre muito difícil que a vítima rompa a sucessão de violações.

Há pouca pesquisa a respeito da duração da experiência de vitimização por *bullying*, mas as evidências disponíveis sugerem relativa estabilidade. Estudo de Olweus com meninos noruegueses indicados como vítimas por seus pares aos 13 anos mostrou que eles tinham grande chance de serem classificados da mesma forma aos 16 anos.[8]

---

[6] ELLIOT, M.; SHENTON, G. *Bully-free*; Activities to promote confidence and friendship. London: Kidscape, 1999.

[7] SCHAFER, M.; KORN, S.; SMITH, P. K.; HUNTER, S. C.; MORA-MERCHEN, J. A.; SINGER, M. M. et al. Lonely in the crowd: Recollections of bullying. *British Journal of Developmental Psychology*, pp. 22, 379-394, 2004.

[8] OLWEUS. *Aggression in the schools*; Bullies and whipping boys. Washington, DC: Hemisphere, 1978.

Por essas razões, muitos trabalhos têm insistido na necessidade de os profissionais da saúde, ao avaliarem estudantes com sintomas psicossomáticos, considerarem as práticas de *bullying* e o ambiente escolar como causas possíveis (Forero, 1999). Em muitas ocasiões, a vitimização é a principal razão para as faltas frequentes e para a evasão escolar. Um amplo estudo realizado na Austrália, com mais de 30 mil estudantes, demonstrou que cerca de 19% dos garotos e 25% das meninas que relataram ser vitimados frequentemente por *bullying* (pelo menos uma vez por semana) já haviam faltado a aulas por conta do problema (Rigby, 2003).

3. Bullying como fator de risco para o crime e a violência

A criminologia moderna identifica a prática de *bullying* como fator de risco importante para comportamentos antissociais e delinquentes. Os agressores possuem maior tendência ao uso de drogas e ao abuso do álcool, à evasão e ao engajamento em comportamentos criminais (Farrington, 1993). Muitos estudos já encontraram evidências de que os autores dessa prática tendem a diversificar a forma agressiva como usam seu poder para constranger e agredir sexualmente (Connolly et al., 2000). Ao mesmo tempo, a pesquisa nacional de vitimização nos EUA com adolescentes, em 2001, ofereceu fortes elementos para a conclusão de que a experiência de vitimização por *bullying* está estreitamente vinculada às possibilidades de vitimização mais amplas por práticas definidas como criminosas. Os resultados mostraram que os estudantes que haviam relatado terem sido vítimas desse tipo de violência apareciam pelo menos duas vezes mais entre as vítimas de sérios atos de violência como estupro, agressão sexual e roubo, quando comparados com colegas não vitimados (Devoe, J. F.; Kaffenberger, S., 2005).

Estudo longitudinal[9] com 5.288 adultos de diferentes profissões encontrou uma relação significativa entre as experiências de vitimização por *bullying* nas escolas e episódios de vitimização no ambiente de trabalho muito tempo depois. Na correlação observada, os adultos com maior risco de vitimização foram aqueles que desempenharam o papel de vítimas e autores de *bullying*, seguidos pelos que foram exclusivamente vitimados.

Com efeito, as práticas de *bullying* não podem ser consideradas como um aspecto do desenvolvimento dos jovens, mas como uma marca para outros comportamentos violentos mais graves, incluindo porte de armas de fogo, envolvimento em lutas de rua e, futuramente, violência doméstica contra as mulheres, abuso sexual sobre crianças e maus-tratos a idosos.

Por isso, a preocupação com isso tem se justificado também como parte de estratégias eficazes de prevenção ao crime e à violência entre adultos. Nos EUA, sabe-se que cerca de 60% dos garotos autores de *bullying*, entre a 6ª e 9ª séries, são condenados por pelo menos um crime até a idade de 24 anos. Mais dramático ainda: sabe-se que 40% deles terão três ou mais condenações quando alcançarem essa idade (Fox et al., 2003). Martins (2005) cita estudo longitudinal coordenado por Olweus que revelou que meninos suecos autores de *bullying* entre a 6ª e a 9ª séries possuem quatro vezes mais chances de alcançarem uma condenação criminal ou terem um registro oficial de crime do que os seus outros colegas.

---

[9] SMITH, P. K.; SINGER, M.; HOEL, H.; COOPER, C. Victimization in the school and the workplace: Are there any links? *British Journal of Psychology*, n. 94, pp. 175-188, 2003.

Estes estudos trabalham com aquilo que se convencionou denominar "hipótese do ciclo de violência". Atualmente, as evidências favoráveis a esta hipótese são tantas que já se pode falar de um consenso em torno dela. Segundo Duane Alexander, diretor do Instituto Nacional de Saúde da Criança e Desenvolvimento Humano (National Institute of Child Health and Human Development – NICHD), ser vitimado pelo *bullying* não é um mero e desconfortável rito de passagem através da infância. "Trata-se de um problema de saúde pública que merece atenção. Pessoas que são vitimadas por *bullying* (...) têm mais chances de se engajar em comportamentos delinquentes quando adultas."[10]

Superando muitas das debilidades metodológicas dos primeiros trabalhos que procuraram estudar a existência de uma transmissão intergeracional da violência, estudos longitudinais com uma definição clara de abuso e negligência, que se valeram de amostragens amplas e de todos os recursos comparativos oferecidos por grupos de controle, têm encontrado evidências empíricas expressivas em favor da hipótese do ciclo de violência.

Widom (1989), por exemplo, descreveu as conclusões de pesquisa realizada nos EUA que separou todos os casos de negligência, violência física e abuso sexual contra crianças que haviam sido aceitos pelo Poder Judiciário em um condado de 1967 a 1971. Do total de 2.623 casos, 908 constituíram a amostra estudada. O objetivo do estudo foi o de acompanhar essas crianças por 20 anos e procurar medir se havia alguma diferença substancial entre as taxas de encarceramento da

---

[10] NATIONAL INSTITUTE OF CHILD HEALTH AND HUMAN DEVELOPMENT. *Bullying Widespread in U.S. Schools, Survey Finds.* Disponível em: <http://www.nichd.nih.gov/news/releases/Bullying.cfm>.

amostra em comparação com crianças que não haviam sido vitimadas. No tempo em que os casos chegaram ao conhecimento do Judiciário, todas as crianças da amostra tinham menos de 11 anos e a média de idade era de 6 anos. O grupo de controle criado pelos pesquisadores foi estabelecido com crianças com igual distribuição de etnia, gênero, idade e nível socioeconômico. Ao final dos anos 1980, os pesquisadores constataram que 28% dos integrantes da amostra já haviam sido presos, sendo que 11% deles por crimes violentos. No grupo de controle, 21% haviam sido presos, sendo 8% por crimes violentos. Seis anos depois, quando 100% dos membros da amostra já possuíam 26 anos ou mais, os pesquisadores encontraram novos números: 49% dos integrantes da amostra haviam sido presos, sendo 18% por crimes violentos; no grupo de controle, 38% haviam sido presos, sendo 14% por crimes violentos.

Nesse estudo, a negligência apareceu como um fator tão destrutivo quanto o abuso sexual ou a violência física sobre as crianças.[11] Em média, comparadas com o grupo de controle, as crianças abusadas, maltratadas e negligenciadas estiveram envolvidas com um maior número de delitos (2,43 contra 1,41), cometeram seu primeiro delito quando eram mais jovens (16,43 contra 17,29) e tiveram a maior proporção de infratores múltiplos ou de indivíduos envolvidos em cinco ou mais delitos (17% contra 9%). O estudo demonstrou, também, que vítimas de violência física, seguidas por vítimas da negligência, possuem os maiores níveis de prisão por crimes violentos.

---

[11] Ver: The Cycle of Violence Revisited, U.S. Department of Justice, Office of Justice Programs National Institute of Justice. Disponível em: <http://www.ncjrs.gov/pdffiles/cyclepre.pdf>.

Swanston et al. (2003), em estudo longitudinal que acompanhou, por nove anos, 99 crianças abusadas – entre 4 e 15 anos –, em Sydney, na Austrália, constatou que jovens que haviam sido abusados na infância relataram 4,69 vezes mais crimes do que os do grupo de controle: 76% do grupo dos abusados relataram práticas de crime contra 40% do grupo de controle. As estatísticas criminais foram de 13% de condenações entre o grupo dos abusados contra 1% no grupo de controle: 5% dos que foram abusados receberam condenações por crimes violentos contra nenhuma condenação do tipo no grupo de controle. O estudo não encontrou diferenças significativas quanto à incidência de atos delinquentes segundo o gênero, o que é surpreendente tendo em vista a enorme super-representação de jovens do sexo masculino para a delinquência no conjunto da população. Sabe-se, também, que o grupo de crianças abusadas pelos pais ou por parentes fornece mais casos de condenações criminais na adolescência do que o grupo de crianças abusadas por estranhos.

Outros estudos, como o de Smith e Thornberry (1995), por exemplo, demonstraram que maus-tratos às crianças constituem forte fator preditivo de delinquência e que, quanto pior a experiência de dor e humilhação sofrida na infância, maiores as chances de comportamentos gravemente violentos mais tarde.

Estudo recente de Adams (2010) sustenta que muitos são os fatores ou circunstâncias que concorrem para que uma pessoa termine se envolvendo com o crime e a violência, mas que a experiência de traumatização na infância oferece uma das mais significativas correlações. Esta autora chama a atenção para o fato de que aproximadamente 34% das crianças norte-americanas experimentam pelo menos um evento traumático em suas vidas, enquanto este tipo de experiência é comum entre 75 a 93% dos jovens que ingressam no sistema de justiça juvenil nos EUA.

Contemporaneamente, considera-se que mesmo a exposição à violência doméstica é uma forma de "maltrato".[12] Em um expressivo estudo comunitário, Fergusson e Horwood (1998) demonstraram que crianças que presenciavam agressões do pai contra a mãe tinham possibilidades bem maiores de desenvolver comportamentos delinquentes quando jovens e na idade adulta.

Na mesma linha, Gibson (1989) demonstrou que crianças expostas à violência tendem a adotar comportamentos agressivos e precocemente sexualizados, além de terem taxas muito mais altas de uso de drogas e comportamentos de autoflagelo, se comparadas às que não sofreram violência.

Ainda sobre a tese da reprodução intergeracional da violência, Sisto (2005) destaca três exemplos: o trabalho de Huesman e colaboradores,[13] no qual se encontrou que crianças agressivas de 8 anos repetiam as práticas de seus próprios pais quando avaliadas aos 30 anos; o trabalho de Parke e colaboradores,[14] que concluiu que as crianças adotam muitos padrões de interação social experimentados na família; e o de Patersson,[15] que sustentou que crianças expostas a interações

---

[12] Mas não de "maus-tratos", vez que não se trata de figura típica.

[13] HUESMAN, L. R. et al. The stability of aggression over time and generations. *Developmental Psychology*, n. 20, pp. 1120-1134, 1984.

[14] PARKE, R. D. et al. *Familial contribution to peer competence among young children*; The role of interactive and affective processes. In: R. D., PARKE, G. W., LADD (org.). *Family-peer relationships*; Modes of linkages. Hillsdale, NJ: Erlbaum, 1992, pp. 10-134.

[15] PATTERSON, G. R. *Coercive family processes*. Eugene, OR: Castalia, 1982.

agressivas com suas mães e entre seus pais tendem a ser agressivas, aumentando a probabilidade de rejeição por seus pares.

Estudos mais recentes sobre crianças vitimadas por *bullying* têm lidado com a mesma "hipótese do ciclo da violência". O tema ressurge com força, por exemplo, no debate sobre os suicídios das vítimas. Sabe-se que crianças e adolescentes vítimas de *bullying* possuem mais chances de sofrer com altos níveis de estresse, ansiedade, depressão e doenças, além de terem maior tendência ao suicídio (Rigby, 1998). Em vários países, como na Noruega, Inglaterra, Japão e também no Brasil, há registros de casos de crianças e adolescentes que se suicidaram aparentemente por conta de vitimização severa por *bullying*.

Em si mesmos, tais casos não são conclusivos, já que fenômenos como o suicídio são informados por múltiplos fatores. Nesse particular, ganha relevo o trabalho de Rigby e Slee, que, entre 1993 e 1996, realizaram, na Austrália, vários estudos de autorrelato (*self-report studies*) com adolescentes a respeito de ideações suicidas e tentativas de se ferir, encontrando forte correlação com relatos dos jovens envolvidos com *bullying*, como vítimas e como autores (Rigby, 1997). No Brasil, estudo recente em uma escola de Goiás identificou forte presença da ideação suicida nos relatos de adolescentes vitimados pelo *bullying* (Oliviera et al., 2006).

Estudo realizado com 410 adolescentes entre 14 e 16 anos, na Finlândia, mostrou uma forte prevalência de casos de depressão e forte ideação suicida entre vítimas e autores de *bullying*. Os jovens que eram, ao mesmo tempo, vítimas e autores possuíam maior tendência à depressão. Uma vez controlados os sintomas da depressão, a ideação suicida era mais frequente entre os autores do que entre as vítimas (Kaltiala-Heino et al., 1999).

Um outro estudo realizado no ano de 2000, na Coreia, com 1.718 estudantes de duas escolas secundárias, em Seul e Anyang, constatou que os adolescentes que relataram algum envolvimento com *bullying* – especialmente as meninas e os que eram vítimas e autores – possuem riscos de suicídio significativamente mais altos e devem ser monitorados por profissionais de saúde em trabalho de prevenção (Kim et al., 2005).

Trabalhos do tipo têm comprovado, enfim, aquilo que os estudiosos do tema vêm sustentando há muitos anos: os efeitos do *bullying* podem mesmo ser devastadores.

Referências

ADAMS, Erica J. Healing Invisible Wounds: Why Investing in Trauma-Informed Care for Children Makes Sense. *Justice Policy Institute*, NY, July, 2010. Disponível em: <http://www.justice policy.org/content-hmID=1811&smID=1581&ssmID=102. htm>.

CARLISLE, Nicholas; ROFES, Eric. School Bullying: Do Adult Survivors Perceive Long-Term Effects? *Traumatology*, n. 13, p. 16, 2007. Disponível em: <http://tmt.sagepub.com/cgi/content/abstract/13/1/16>.

CONNOLLY, Jennifer; PEPLER, Debra; CRAIG, Wendy; TARADASH, Ali. A Dating experiences of bullies in early adolescence. *Child Maltreatment*, n. 5, pp. 299-310, 2000.

DEVOE, J. F.; KAFFENBERGER, S. *Student Reports of* bullying: Results From the 2001 School Crime Supplement to the National Crime Victimization Survey (NCES 2005–310). U.S. Department of Education, National Center for Education Statistics. Washington, DC: Government Printing Office, 2005. Disponível em: <http://nces.ed.gov/pubs2005/2005310.pdf>.

DUE, Perenille; HOLSTEIN, Bjorn E.; LYNCH, John; DIDERICHSEN, Finn; GABHAIN, Saoirse Nic; SCHEIDT, Peter; CURRIE. Candace and the Health Behaviour in School-Aged

Children Bullying Working Group. Bullying and Symptoms Among School-Aged Children: International Comparative Cross-Sectional Study in 28 Countries. *European Journal of Public Health*, n. 15(2), pp. 128-132, 2005.

FARRINGTON, D. P. Understanding and preventing bullying. In: TONNY, M; MORRIS, N. (eds.) *Crime and Justice*. Chicago: University of Chicago Press, v. 17, 1993, pp. 381-458.

FERGUSSON, D. M.; HORWOOD, C. J. Physical Punishment/ Maltreatment During Childhood and Adjustment in Young Adulthood. *Child Abuse and Neglect*, n. 21, pp. 617-630, 1998.

FORERO, Roberto; McLELLAN, Lyndall; RISSEL, Chris; BAUMAN, Adrian. Bullying behaviour and psychosocial health among school students in New South Wales Australia: cross sectional survey. *BMJ*, n. 319, pp. 344-348, 1999. Disponível em: <http://www.bmj.com/cgi/content/full/319/7206/344>.

FOX, James Alan; ELLIOTT, Delbert S.; KERLIKOWSKE, R. Gil; NEWMAN, Sanford A.; CHRISTESON, William. Bullying Prevention Is Crime Prevention: A Report by Fight Crime: Invest in Kids, 2003. Disponível em: <http://www. pluk.org/Pubs/Bullying2.pdf>.

KALTIALA-HEINO, Riittakerttu; RIMPELÄ, Matti. Bullying, depression, and suicidal ideation in Finnish adolescents: school survey. *BMJ*, n. 319, pp. 348-351, 1999. Disponível em: <http://www.bmj.com/cgi/content/full/319/7206/348>.

LOPES NETO, A. A. Bullying: comportamento agressivo entre estudantes. *Jornal de Pediatriá*. v. 81, n. 5 (supl.), pp. 164-172, 2005. Disponível em: <http://www.scielo.br/scielo.php?script=sci_arttext&pid=S0021-75572005000700006&lng=pt&nrm=iso&tlng=pt>.

MA, Xin. Bullying and Being Bullied: To What Extent Are Bullies Also Victims? *American Educational Research Journal*, v. 38, n. 2, pp. 351-370, 2001. Disponível em: <http://aer.sagepub.com/cgi/reprint/38/2/351>.

MARTINS, Maria José D. O problema da violência escolar: uma clarificação e diferenciação de vários conceitos relacionados. *Revista Portuguesa de Educação*. Universidade do Minho:

Braga, Portugal, v. 18, n. 001, p. 93-115, 2005. Disponível em: <http://redalyc.uaemex.mx/redalyc/pdf/374/37418106.pdf>.

MORA-MERCHÁN, Joaquín A. Las estrategias de afrontamiento: Mediadoras de los efectos a largo plazo de las víctimas de "bullying"? *Anuário de Psicologia Clinica y de Salud*, 2, pp. 15-26, 2006. Disponível em: <http://www.institucional.us.es/apcs/doc/APCS_2_esp_9-14.pdf>.

OLIVIERA, Agnes Schutz de; ANTONIO, Priscila da Silva. Sentimentos do adolescente relacionados ao fenômeno *bullying*: possibilidades para a assistência de enfermagem nesse contexto. *Revista Eletrônica de Enfermagem*, v. 08, n. 01, pp. 30-41, 2006. Disponível em: <http://www.fen.ufg.br/revista/revista8_1/original_04.htm>.

RIGBY, Ken. The relationship between reported health and involvement in bully/victim problems among male and female secondary school students. *Journal of Health Psychology*. v. 3, n. 4, 1998, pp. 465-76.

_____. Bullying among young children: A guide for parents. *Australian Government Attorney-General's Department*, Canberra, 2003. Disponível em: <http://www.crimeprevention.gov.au>.

SISTO, Fermino Fernandes. Aceitação-rejeição para estudar e agressividade na escola. *Psicologia em estudo*, v. 10, n. 1., Maringá, 2005. Disponível em: <http://www.scielo.br/scielo.php?script=sci_arttext&pid=S1413-73722005000100014&lng=en&nrm=iso>.

SMITH, C.; THORNBERRY, T. P. The Relationship Between Childhood Matreatment and Adolescent Involvement in Delinquency. *Criminology*, 33: 451-77, 1995.

SWANSTON, Heather Y.; PARKINSON, Patrick N.; O'TOOLE, Brian I.; PLUNKETT, Angela M.; SHIRIMPTON, Sandra; OATES, R. Kim. Juvenile Crime, Agression and Delinquency After Sexual Abuse: A Longitudinal Study. *British Journal of Criminology*, 430, 2003, pp. 729-749.

WIDOM, Cathy Spatz. The Cycle of Violence. *Science*, 244, pp. 160-166, 1989. Disponível em: <http://www.csc-scc.gc.ca/text/pblct/forum/e033/e033c_e.shtml>.

WILLIAMS, Katrina; CHAMBERS, Mike; LOGAN, Stuart; RO-BINSON, Derek. Association of common health symptoms with bullying in primary school children. *BMJ*, 313: 17-19, 1996. Disponível em: <http://www.bmj.com/cgi/content/abs tract/313/7048/17?ijkey=3492c96d174c4f044067b3060c6 aab79649b7343&keytype2=tf_ipsecsha>.

.

O *BULLYING* NO AMBIENTE ESCOLAR: COMPREENSÃO E ENFRENTAMENTO

*Neemias Moretti Prudente**

Eu estou cansado de apanhar
Eu estou cansado de ser "zuado"
Eu estou cansado de ficar trancado...
Dentro do banheiro
Por que não me deixam em paz.
(*Bullying*, Banda Yoga)

Introdução

Para uns o *bullying* é algo frequentemente ignorado e admitido como natural, mas para outros é um problema crescente

---

* Assessor jurídico do Ministério Público Federal (MPF/PR), professor de Processo Penal da Escola da Magistratura do Paraná (EMAP/PR) e de Legislação Penal Especial do Instituto Paranaense de Ensino (IPE/PR), mestre em Direito Penal pela Universidade Metodista de Piracicaba (UNIMEP/SP), especialista em Direito Penal e Criminologia pelo Instituto de Criminologia e Política Criminal e Universidade Federal do Paraná (ICPC/UFPR), palestrante e escritor de vários livros e artigos publicados no Brasil e exterior. E-mail: <neemias.criminal@gmail.com>.

no mundo que tem assolado, sobretudo, o ambiente escolar. Os casos de violência e *bullying* escolar constituem uma das maiores preocupações da sociedade atual, seja nas sociedades desenvolvidas ou em desenvolvimento. Muitos são os autores e pesquisadores que têm apontado o *bullying*, mesmo em suas manifestações mais amenas, como o mais grave problema existente nas escolas em todo o mundo (a modalidade de violência[1] mais comum nas escolas), à frente da qualidade e dos métodos de ensino, inclusive pesquisas recentes mostram uma preocupante tendência de aumento na incidência do fenômeno.

Nesse sentido, este ensaio tem como objetivo trazer algumas reflexões sobre o *bullying*, bem como apresentar posturas e ações que podem minimizar a incidência do fenômeno, além de propor uma inovadora ferramenta que facilite intervir de forma adequada nos supostos casos de violência e *bullying* escolar, qual seja, a justiça restaurativa.

1. Antecedentes históricos próximos

O *bullying* é um fenômeno tão antigo quanto à própria instituição denominada escola. O fato é que somente nas últimas décadas o tema vem ganhando proporções assustadoras, a ponto de se tornar objeto de estudo no mundo inteiro. Destaque-se que o *bullying* não é exclusivo de alguns países, ao contrário, ocorre em *toda* e *qualquer* instituição de ensino.

---

[1] Há muitas maneiras possíveis de definir a violência. A Organização Mundial de Saúde a define como: "O uso intencional da força ou o poder físico, de fato ou como ameaça, contra si mesmo, outra pessoa ou um grupo ou comunidade, que cause ou tenha muitas probabilidades de causar lesões, morte, danos psicológicos, transtornos de desenvolvimento ou privações" (cf. OMS, 2003).

Os países nórdicos, na década de 1970, foram pioneiros ao elaborarem pesquisas e estudos sobre a violência nas escolas e suas consequências. Posteriormente, os estudos se espalharam para os demais países escandinavos. Como anunciantes dessas investigações tem-se o médico Peter-Paul Heinemann (que foi o primeiro a descrever as condutas violentas do ambiente escolar nos anos de 1972-1973), o psicólogo sueco Anatol Pikas (que aprofundou o assunto, preocupando-se com a prevenção do fenômeno nos anos de 1975-1976), o professor finlandês Kjersti Lagerspets e o professor e pesquisador de psicologia da Universidade de Berger, na Noruega, Dan Olweus.[2]

Na Noruega, embora os pais e professores já viessem expressando seus temores e angústias acerca do fenômeno, as autoridades educacionais não davam muita atenção ao tema. Todavia, no final de 1982, um acontecimento dramático começou a reescrever a história do *bullying* naquele país: três crianças, com idade entre 10 e 14 anos, haviam se suicidado no norte da Noruega. As investigações do caso apontaram como principal motivação da tragédia as situações de maus-tratos (que hoje se intitula *bullying*) a que tais jovens foram submetidos por seus colegas de escola.[3] Em resposta à grande mobilização nacional diante dos fatos, foi realizada na Noruega (1983) uma campanha nacional, com o apoio do governo norueguês, visando ao combate efetivo do *bullying* escolar. Essa campanha culminou com a redução de 50% dos casos ocorridos nas instituições de ensino daquele país.[4]

---

[2] Cf. GOMES; SANZOVO, 2013, p. 42.
[3] Cf. SILVA, 2010, p. 111.
[4] Cf. GOMES; SANZOVO, 2013, p. 43.

Na época, Dan Olweus, em conjunto com seu grupo de pesquisa, desenvolveu diversos trabalhos estudando casos de suicídios na infância e na juventude. Num estudo com o principal objetivo de avaliar as taxas de ocorrência e as formas pelas quais o *bullying* se apresentava na vida escolar das crianças e dos adolescentes de seu país, ele identificou que dos 84 mil estudantes do primário e secundário, cerca de 15% estavam envolvidos em problemas de agressão eventuais. Essa porcentagem equivale a dizer que um em cada sete alunos estava envolvido nesse tipo de agressão, tanto no papel de vítima como de agressor.[5] Foi a partir desses estudos que descobriu que muitos dos jovens que cometiam suicídio tinham um histórico em comum: eram agredidos física ou psicologicamente durante muito tempo por colegas da escola ou membros da família.

Esse tipo de violência foi denominado por Olweus de *bullying* e é por isso que muitos o consideram o "pai" desse fenômeno.

Ele também destacou que as condutas de *bullying* estão presentes, com relevância similar ou até superior ao que ocorre na Noruega, em diversos outros países.[6]

Seus estudos deram origem a um programa de intervenção *antibullying* (*Olweus Bullying Prevention Program*), que teve como tônica os seguintes objetivos: 1) aumentar a conscientização sobre o problema para desfazer mitos e ideias erradas sobre o *bullying*; 2) promover apoio e proteção às vítimas contra esse tipo de violência escolar.[7]

---

[5]   Cf. OLWEUS, 1998, pp. 29-30.

[6]   Cf. FANTE, 2005, p. 45.

[7]   Cf. SILVA, 2010, p. 112.

Na década de 1990 houve na Europa uma disseminação de pesquisas e campanhas que acabaram por reduzir o número de incidentes com *bullying*. A Conferência Europeia sobre iniciativas para combater o *bullying* nas escolas, em 1998, também foi um marco importante.

Aos poucos os estudos foram se intensificando em diversos países (entre eles, Estados Unidos, Canadá, Japão, Portugal, Reino Unido, Espanha, França, Austrália) e, como as preocupações com o fenômeno já são bastante fortes, os respectivos governos, cientes da gravidade do fenômeno e de sua extensão, têm desenvolvido em larga escala políticas públicas específicas para a prevenção e o enfrentamento do *bullying*, amparadas nas evidências científicas colhidas em pesquisas de campo.[8]

Segundo a Organização Não Governamental Internacional PLAN (que atua em 66 países em defesa dos direitos da infância), por dia, cerca de 1 milhão de crianças em todo o mundo sofre algum tipo de violência nas escolas, o que representa 6 a 40% das crianças em idade escolar. Dados preliminares de uma pesquisa realizada pelo PNUD (Programa das Nações Unidas para o Desenvolvimento) revelam que 20%

---

[8] Cf. CAMARGO, 2009, pp. 16-18; FANTE, 2005, p. 45; Aliás, o *bullying* se tornou um problema econômico, além de comportamental. De acordo com a Associação Americana de Medicina, 160 mil crianças preferem ficar em casa, com medo de serem agredidas em seu caminho até a sala de aula. Há pesquisas sugerindo que 7% dos estudantes de 8ª série matam, ao menos, um dia de aula por mês. E, como grande parte do financiamento das escolas é baseada na frequência dos alunos, esse é um problema educacional de larga escala. A organização Plan International estimou o custo do *bullying* para o mundo em US$ 60 bilhões. Agora, o custo para a humanidade é bem maior (Cf. BEANE, 2010, p. J4).

dos jovens em idade escolar sofrem com o clima de agressividade no local onde estudam.[9]

Pesquisas e estatísticas sobre o *bullying* ao redor do mundo apontam para o crescimento do problema: estima-se que de 5 a 35% dos alunos em idade escolar estejam (ou estarão) envolvidos em condutas agressivas no ambiente educacional. Nesse quadro estatístico, incluem-se tanto os jovens vítimas de violência quanto os próprios agressores. Os espectadores não foram incluídos nos índices, o que nos faz imaginar que a população de jovens indiretamente envolvidos no *bullying* é ainda mais expressiva.[10]

Nos Estados Unidos, esse fenômeno é motivo de grande tensão e interesse, uma vez que lá esse tipo de violência cresce de forma exponencial, a ponto de os estudiosos do assunto o classificarem como um conflito global. Certas pesquisas revelam uma incidência tão alta, que muitos preveem um futuro sombrio para um percentual significativo de jovens, especialmente os que desempenham o papel de agressores. Para os pesquisadores, a quantidade de jovens que se tornarão adultos violadores das regras sociais básicas para a boa convivência e/ou francamente delinquentes é bastante representativa.[11]

No Brasil, o atraso em identificar e enfrentar o problema foi enorme. O primeiro estudo a ser realizado no país

---

[9] Um milhão de crianças sofrem violência escolar por dia. PLAN. Disponível em: <http://www.plan.org.br/noticias/conteudo/um_milhao_de_criancas_sofrem_violencia_escolar_por_dia-204.html>. Acesso em: 7 out. 2008. O estudo foi conduzido pelo CEATS (Centro de Empreendedorismo Social e Administração em Terceiro Setor), ligado à FIA (Fundação Instituto de Administração).

[10] Cf. SILVA, 2010, p. 112.

[11] Ibid., pp. 112-113.

foi elaborado na cidade de Santa Maria/RS pela professora Marta Canfield, em 1997. Entre os anos 2000-2001, no Rio de Janeiro, o fenômeno foi objeto de pesquisa dos professores Carlos Neto e Israel Ferreira.[12] No ano 2000-2002, Cléo Fante realizou uma pesquisa séria e bastante abrangente sobre o assunto (com cerca de 1.500 alunos dos ensinos fundamental e médio). Esse trabalho pioneiro resultou em um programa de combate ao *bullying* denominado "Educar para a Paz" (idealizado por Cléo), colocado em prática no interior paulista no mesmo ano. Graças a esses esforços, o tema começou a ganhar espaço em debates públicos. Tragédias ocorridas em Taiúva (SP, 2003) e em Remanso (BA, 2004) revelaram, infelizmente de forma dramática, a necessidade urgente de se colocar o assunto na pauta do dia das escolas e de toda a sociedade.[13]

---

[12] Cf. GOMES; SANZOVO, 2013, p. 46.

[13] Cf. SILVA, 2010, pp. 161-162. Em 2003, em Taiúva (SP), um aluno, ex-obeso e vítima de *bullying*, voltou à escola e atirou em seis alunos e em uma professora, que sobreviveram ao ataque. O aluno foi chamado de "vinagre" pelos colegas, depois de severa dieta. Os estudantes diziam que ele havia emagrecido por conta de beber o tempero. Após o atentado, ele cometeu suicídio.
Em 2004, em Remanso (BA), um adolescente matou dois e feriu três, após sofrer humilhações, entre elas um banho de lama (era também vítima de *bullying*).
Em 2008, um adolescente de 17 anos no Rio de Janeiro morreu depois de ser espancado na escola, por conta de um corte de cabelo. Os alunos tinham por brincadeira dar socos em colegas no caso de novo corte de cabelo. Como a vítima não gostou e reagiu, mais de dez alunos o agrediram e ele morreu quatro dias depois, tendo como causa da morte contusão no crânio (cf. CALHAU, 2009, p. 4).
Recentemente, em 2010, L., de 9 anos, aluno de uma escola particular em São Paulo, foi obrigado pelos colegas a lamber o vaso sanitário. Considerado pelos agressores como "uma brincadeira de mau gosto", aconteceu também de estudantes do InterUnesp (jogos universitários

Hoje em dia, no Brasil, o *bullying* ainda não é conhecido ou, tampouco, familiar à grande maioria da população (inclusive escolas). A própria produção acadêmica e técnica sobre o assunto é muito restrita, identificando-se raros pesquisadores, especialistas e autores preocupados em estudar suas especificidades.[14] A maior divulgação do termo e de suas ocorrências tem se dado, nos últimos anos, através dos meios de comunicação de massas, com notícias enquadradas entre os temas da violência urbana, da criminalidade juvenil e da má qualidade do sistema de ensino. As escolas, embora admitam a existência de uma cultura de violência pautando as relações dos estudantes entre si, não demonstram estar preparadas para eliminar ou reduzir a ocorrência de situações específicas de *bullying*, inclusive não contemplam procedimentos de prevenção, controle e correção da violência que se manifesta em seu ambiente e nos arredores, tendo como protagonistas seus próprios alunos, o que gera, sem sombra de dúvida, uma intensificação do problema.

Em geral, as escolas (principalmente as particulares), com medo da repercussão negativa, abafam os episódios. Os pais,

---

promovidos pela Universidade Estadual Paulista, em Araraquara) promoverem um "rodeio de gordas", que haviam combinado previamente pela internet na comunidade Rodeio de Gorda. Segundo os jornais, a agressão consistia em agarrar e montar em alunas gordas, gritando: "Pula, gorda". A coisa tinha o sentido de uma competição de rodeio: o tempo seria cronometrado e haveria prêmios para os "bravos toureiros" que conseguissem se manter no dorso da "gorda bandida" por mais tempo (cf. BEANE, 2010, p. J4).

[14] Um dos estudos recentes que abordou o tema, ainda que de forma indireta, se deu com a pesquisa nacional promovida pelo Ministério da Educação: Ministério da Educação, Instituto Nacional de Estudos e Pesquisas Educacionais Anísio Teixeira, Fundação Instituto de Pesquisas Econômicas. Estudo sobre ações discriminatórias no âmbito escolar. São Paulo, 2009.

preocupados com o estigma, escondem a situação. Como não adotam estratégias eficientes para dar conta do fenômeno, ele tem se intensificado. Além do que, parece existir um "jogo de empurra-empurra", em que a escola costuma acusar a família de não educar, enquanto a família tende a responsabilizar a escola, onde ocorre o problema. Mas esse tipo de jogo não ilumina a questão nem traz avanços para o combate do fenômeno. Assim, parcerias raramente acontecem. E ainda faltam políticas específicas e notam-se muitas lacunas na legislação.[15]

Todavia, o que antes era algo sem definição específica, hoje tem nome, descrição e reconhecimento.

Já é intenso o trabalho desenvolvido sobre o *bullying* em vários países, tanto por instituições privadas quanto governamentais. No Brasil, embora tardio, há mais de uma década o problema tem despertado preocupações e iniciativas.

2. Definição, características e formas de bullying

É normalmente no ambiente escolar (*school place bullying*) que o *bullying* está mais presente, e existe em *toda* e *qualquer* instituição de ensino, desde o jardim de infância até a faculdade, pública ou privada, rural ou urbana ou mesmo de educação especial.[16] Não se pode esquecer que é um

---

[15] Cf. BULLYING ESCOLAR NO BRASIL. Relatório Final, 2010, pp. 107ss.

[16] Em Portugal, no início de março de 2010, o menino Leandro Cordeiro, de 12 anos, optou pôr dar fim a sua vida, atirando-se no rio Tua, devido ao espancamento repetido por dois colegas mais velhos da Escola E.B. Inclusive, segundo familiares e testemunhas, as agressões

fenômeno de mão dupla, ou seja, ocorre de dentro para fora da escola e vice-versa. Em função disso, muitas das tragédias que acontecem nas imediações das escolas, ou seja, em shoppings, danceterias, festas, cinemas, ruas e praças, são motivadas e iniciadas dentro do ambiente escolar.[17]

Quero deixar bem claro que o *bullying* ocorre em todas as escolas: não existe escola onde isso não aconteça. O que pode variar são os índices encontrados em cada realidade escolar. Isso decorre do conhecimento da situação e da postura que cada instituição de ensino adota ao se deparar com os casos de violência entre os alunos.[18] Inclusive, a escola que não conhece o assunto, que não desenvolve programas ou

---

já tinham tido lugar repetidas vezes, uma das quais originando internamento hospitalar de Leandro. Já nos Estados Unidos, Phoebe Prince, de 15 anos cometeu suicídio dois dias antes do grande baile de sua escola. A encantadora garota, imigrante irlandesa, estava namorando um dos jogadores do time de futebol e o grupo de garotas populares começou a intimidá-la. Nesse caso, houve tanto a prática tradicional do *bullying* quanto a utilização de ameaças em redes sociais e por mensagens de celular, ou seja, *cyberbullying*. O caso foi investigado e nove colegas, de idades que variam entre 16 e 18 anos, estão sendo acusados de abuso sexual, assédio, perseguição e também de violar os direitos civis de Phoebe, que foi encontrada enforcada dentro de um armário por uma de suas irmãs menores. No Japão, a princesa Aiko, de 8 anos, filha do príncipe Naruhito e da princesa Masako, ficou mais de uma semana sem ir à escola por conta do *bullying* praticado por alguns de seus colegas. A princesa, que estuda no renomado colégio Gakushuin, em Tóquio, se queixou de dor de estômago e ansiedade. Um grupo de meninos da escola teria intimidado vários colegas, entre eles, a princesa Aiko (cf. Bullying. Violência que atinge as crianças. Portal do Instituto Brasileiro de Ciências Criminais (IBCCRIM). Disponível em: <www.ibccrim.org.br>. Acesso em: jun. 2010; cf. Princesa é vítima de *bullying*. EFE Japão. *O Estado de S. Paulo*, São Paulo, 28 fev. 2010, p. A4).

[17] Cf. SILVA, 2010, p. 118.

[18] Ibid., p. 117.

afirma que lá não ocorre *bullying*, é provavelmente aquela onde acontecem mais situações desse tipo.[19] Aliás, a boa escola não é aquela onde o *bullying* necessariamente não ocorre, mas sim a que sabe lidar com a situação, quando ela surge.[20]

Mas o que é *bullying*?

O *bullying* deriva do termo inglês *bully* (que significa tiranizar, intimidar, maltratar, ridicularizar, brutalizar, amedrontar). Cada país adota um termo correspondente. Na Itália denomina-se "bulismo" ou "prepotenza", na França "harcèlement quotidién", na Espanha "amenaza entre escolares", "acoso" ou "matonismo", em Portugal "maus-tratos entre pares", "coacção", "provocação" ou "agressão", na Alemanha "agressionem unter shülern", no japão "yjime".

No Brasil, assim como nos Estados Unidos, o termo escolhido para tratar do assunto é "bullying".[21] Porém, ainda não temos em português uma palavra capaz de resumir e englobar tão bem esse termo, também conhecido entre nós como "vitimização entre pares".

Numa definição bastante utilizada no Brasil, a expressão *bullying* compreende "todas as atitudes agressivas, intencionais e repetidas, que ocorrem sem motivação evidente, adotadas por um ou mais estudante contra outro(s), causando dor

---

[19] Cf. MONTEIRO, 2008; BEAUDOIN, 2006.

[20] Cf. SILVA, 2010, p. 118. A autora faz uma observação importante: "as varas da infância e da adolescência têm recebido um número cada vez mais significativo de denúncias relativas às práticas de *bullying*. No entanto, um dado chama a atenção: quase a totalidade das denúncias é relativa a agressões ocorridas em escolas públicas, onde a tutela do Estado é direta. Isso aponta uma realidade preocupante: muitas escolas particulares abafam os casos de *bullying* em suas dependências por receio de perderem 'clientes'".

[21] Cf. FANTE, 2005, p. 27.

e angústia, sendo executadas dentro de uma relação desigual de poder".[22]

Para Cléo Fante, precursora dos estudos sobre o fenômeno, o *bullying* pode ser definido como "o desejo consciente e deliberado de maltratar uma outra pessoa e colocá-la sob tensão". E isso, invariavelmente, sempre produz, alimenta e até perpetua muita dor e sofrimento nos vitimados.[23] Conforme assinala Figueira, "se trata de práticas agressivas ou de intimidações iniciais por um indivíduo ou por "mobing", quando se trata de grupo de indivíduos, que ameaça, persegue, hostiliza ou maltrata fisicamente outro".[24]

Segundo Dan Olweus, o comportamento agressivo e negativo, os atos executados repetidamente e o desequilíbrio de poder/força entre as partes são as características essenciais do fenômeno.[25] Segundo esse autor, no ambiente escolar as ações são qualificadas como repetitivas quando os ataques são desferidos contra a mesma vítima, pelo menos duas ou mais vezes ao longo de um mesmo ano letivo.[26] Já para Marcos Rolim (2004, pp. 13-14) o fenômeno incluirá sempre três elementos, quais sejam: desequilíbrio de poder, intenção de ferir e ameaça de futura agressão. Quando o *bullying* se desenvolve, tornando-se mais grave, um quarto elemento é adicionado: o terror.

Vale ressaltar que nem toda violência, desavença, briga entre alunos ou agressões ocorridas na escola é *bullying*. Por isso que as características elencadas são fundamentais para

---

[22]   NETO, 2005, p. S165.
[23]   FANTE, 2005, p. 24.
[24]   FIGUEIRA, 2004, p. 130.
[25]   Cf. Dan Olweus. Apud DEVOE; KAFFENBERGER, 2005, p. 1.
[26]   Cf. SILVA, 2010, p. 151.

detectar e diferenciar o fenômeno de qualquer outra atitude violenta.

Ainda, o *bullying* pode se dar de três formas: i) *bullying direto*, quando as vítimas são atacadas diretamente. São considerados *bullyings* diretos os apelidos, agressões físicas, assédios, ameaças, roubos, ofensas verbais ou expressões e gestos que geram mal-estar aos alvos. Esses atos são praticados com frequência quatro vezes mais entre os meninos; ii) *bullying indireto*, que compreende atitudes de indiferença, isolamento, exclusão, fofocas, difamação. Esses atos são mais praticados pelas meninas; iii) *cyberbullying* ou *bullying virtual/digital*, que é praticado através da internet, ou seja, através de e-mails, mensagens instantâneas, chats de sala de bate-papo, postagens em web sites, mensagens de/ou para um telefone celular (*móbile bullying*) etc.[27]

A "cybermaldade" extrapola, em muito, os muros das escolas e expõe a vítima ao escárnio público. Comunidades e perfis falsos no Orkut, Facebook, contas fraudulentas no Twitter e blogs anônimos são algumas das formas encontradas pelos agressores virtuais para atormentar suas vítimas. Esse tipo de violência, quando praticado na rede, ganha contornos ainda mais cruéis e devastadores. O efeito multiplicador do sofrimento das vítimas é imensurável. Na internet os agressores são anônimos e um maior número de pessoas tem acesso à provocação. Além disso, o conteúdo nocivo é quase impossível de ser apagado.[28]

---

[27] Cf. LOPES NETO, 2005, p. S166.

[28] De acordo com Aloma Felizardo (2010), o *cyberbullying* tem características diferentes do *bullying* no ambiente escolar: 1) *anonimato:* o agressor é muitas vezes anônimo, pois, para não ser identificado, ele cria *fakes* (perfil falso) para ameaçar as vítimas, porém mesmo assim é possível descobrir de quem se trata. Essa situação causa grande estresse, pois a vítima fica se perguntando quem é o *cyberbully*;

3. Os protagonistas do bullying

O *bullying* escolar é constituído de protagonistas (ou personagens) que se classificam e distinguem-se em:

a) *Alunos autores/agressores* – são os que praticam o *bullying*, podendo ser de ambos os sexos.[29] O agressor não

---

2) *acessibilidade:* há geralmente um período padrão de tempo durante o qual os agressores têm acesso a suas vítimas. Os *cyberbullies* podem causar sofrimento a qualquer hora do dia ou da noite; 3) *medo de punição:* muitas vezes as vítimas do *cyberbullying* não denunciam por medo de represálias de seus agressores e de que seus privilégios relativos ao computador ou telefone lhes sejam tirados. Geralmente, diante desse tipo de situação, o que os adultos fazem é tirar o celular e o computador da vítima, o que pode ser visto como uma forma de punição; 4) *espectadores:* ser um espectador no mundo cibernético é diferente, pois é possível receber e transmitir e-mails, páginas da web, imagens etc. O número de espectadores no mundo cibernético pode chegar a milhões; 5) *desinibição:* o anonimato proporcionado pela internet pode levar os jovens a apresentarem comportamentos que não teriam coragem de demonstrar pessoalmente. Ironicamente, é o próprio anonimato que permite a alguns indivíduos intimidar outros. No caso do *cyberbullying*, quando um ou alguns postam a mensagem ou as imagens, rapidamente os que estão na rede vão transmitindo aos outros, e as testemunhas também se transformam em agressores. Nas condenações por *bullying*, geralmente há um ou dois alunos, mas, nos processos de *cyberbullying*, há casos com dezenove alunos envolvidos. Para saber mais sobre o *cyberbullying*, indico o livro de Felizardo, *Cyberbullying, difamação na velocidade da luz.* Inclusive, no Brasil, há "policiais hackers" e delegacias para crimes cometidos por meios eletrônicos.

[29] Os agressores possuem em sua personalidade traços de desrespeito e maldade e, na maioria das vezes, essas características estão associadas a um perigoso poder de liderança que, em geral, é obtido ou legitimado através da força física ou de intenso assédio psicológico. O agressor pode agir sozinho ou em grupo, pois, quando está acompanhado de seus "seguidores", seu poder de "destruição" ganha reforço exponencial, o que amplia seu território de ação e sua capacidade de produzir

necessariamente é o mesmo, pode ser um grupo inteiro de alunos (normalmente é o que mais ocorre). As atitudes agressivas praticadas pelo *bully* ou *bullies* (valentão, brigão, tirano), como são chamados, podem se expressar das mais variadas formas, entre elas: i) *verbal* (por exemplo, insultar, ofender, xingar, fazer gozações, colocar apelidos pejorativos, fazer piadas ofensivas, caçoar); ii) *físico ou material* (por exemplo, bater, chutar, espancar, empurrar, ferir, beliscar, agarrar, roubar, extorquir, furtar ou destruir os pertences da vítima, atirar objetos contras ela); iii) *psicológico e moral* (por exemplo, irritar, humilhar, ridicularizar, excluir, isolar, ignorar, desprezar, fazer pouco caso, aterrorizar, ameaçar, chatear, intimidar, dominar, perseguir, difamar, disseminar boatos ou informações que deponham contra a honra e a boa imagem das vítimas, fazer intrigas, fofocas, mexericos ou discriminar (com relação à opção sexual, econômico-social, cultural, política, moral, religiosa); iv) *sexual* (abusar, violentar,

---

mais e novas vítimas. Os agressores apresentam, desde muito cedo, aversão às normas, não aceitam ser contrariados ou frustrados, geralmente estão envolvidos em atos de pequenos delitos, como furtos, roubos ou vandalismo, com destruição do patrimônio público ou privado. O desempenho escolar desses jovens costuma ser regular ou deficitário. No entanto, em hipótese alguma isso configura uma deficiência intelectual ou de aprendizagem. Muitos apresentam, nos estágios iniciais, rendimentos normais ou acima da média. O que lhes falta, de forma explícita, é afeto pelos outros. Essa efetividade deficitária (parcial ou total) pode ter origem em lares desestruturados ou no próprio temperamento do jovem. Nesse caso, as manifestações de desrespeito, ausência de culpa ou remorso pelos atos cometidos contra os outros podem ser observadas desde muito cedo (por volta dos 5 a 6 anos). Essas ações envolvem maus-tratos a irmãos, colegas, animais de estimação, empregados domésticos ou funcionários da escola. Hoje eles caçoam dos colegas, amanhã ateiam fogo em mendigos ou índios nas praças e, quando mais crescidos, podemos ter uma ideia das atrocidades que serão capazes de cometer (cf. SILVA, 2010, pp. 43-45).

estuprar, assediar, insinuar); v) *virtual* (envio de mensagens, fotos, vídeos, por meio do computador ou celular, bem como postagens em blogs ou sites cujo conteúdo resulte em algum dano para a vítima).[30]

b) *Alunos alvo/vítima* – são os que sofrem o *bullying*. Geralmente, a vítima costuma ser quem o agressor considera diferente, esquisito ou que foge do padrão estético ou comportamental imposto por um determinado grupo (por exemplo, o gordinho, o magrinho, o baixinho, o calado, o pobre, o muito estudioso, o nerd, o deficiente, o gago, o novato, o tímido, o crente, o negro, o careca).[31] Tem-se usado o termo "outsiders" (estranho, intruso) para se referir àquelas pessoas que são julgadas pelos outros por serem diferentes e que, dessa forma, permanecem fora do círculo do "normal".[32] Ainda, Ana Silva divide as vítimas em três grupos distintos: i) as vítimas típicas, ii) as vítimas provocadoras, e iii) as vítimas agressoras.[33]

---

[30] Cf. FANTE, 2008; MONTEIRO, 2008; SILVA, 2010, pp. 22-24; ABRAPIA.

[31] Cf. THOMAS, 2008.

[32] Os valores/características da moderna sociedade (como, por exemplo, bonito, forte, alto, popular, heterossexual, casto, branco, magro, saudável, inteligente, esperto) apontam para um padrão que é construído para discriminar muitos e exaltar uns poucos. Quem não tem estes valores/características está fora do padrão e consequentemente é objeto de estigma e descriminação/preconceito. Os *bully* geralmente se utilizam de características consideradas inferiores para discriminar. Pode-se afirmar que ninguém nasce sabendo discriminar nem quais características pode apontar no outro para rebaixá-lo. Isso é aprendido socialmente, na família, na escola ou em outras instituições.

[33] I) As vítimas típicas são aquelas que apresentam dificuldade de socialização. Em geral são tímidas ou reservadas, e não conseguem reagir aos comportamentos provocadores e agressivos que lhe são dirigidos. Normalmente, são frágeis fisicamente ou apresentam alguma "marca"

É fundamental apontar as consequências desastrosas do *bullying*, sobretudo para as vítimas que, na maioria das vezes, impossibilitadas de defesa e sem contar com a compreensão e ajuda adequada, sofrem caladas perante o comportamento de seus agressores. Por mais que o tempo passe, é quase certo que esse tipo de violência deixa marcas para sempre na vida de seus envolvidos. Os sinais e sintomas mais comuns apresentados pelas vítimas são: baixa autoestima, dificuldade de

---

que as destaca da maioria dos alunos: são gordos ou magros demais, altos ou baixos demais, usam óculos, são "caxias", possuem deficiência física, apresentam sardas ou manchas na pele, orelhas ou nariz um pouco mais destacados, usam roupas fora de moda, são de raça, credo, condição socioeconômica ou orientação sexual diferentes. Enfim, qualquer coisa que fuja do padrão imposto por um determinado grupo pode deflagrar o processo de escolha da vítima. Os motivos (sempre injustificáveis) são os mais banais possíveis. Normalmente, essas crianças ou adolescentes "estampam" facilmente as suas inseguranças na forma de extrema sensibilidade, passividade, submissão, falta de coordenação motora, baixa autoestima, ansiedade excessiva, dificuldades de se expressar. Por apresentarem dificuldades significativas para se impor ao grupo, tanto física quanto verbalmente, tornam-se alvos fáceis e comuns dos ofensores. II) As vítimas provocadoras são aquelas capazes de insuflar em seus colegas reações agressivas contra si mesmas. No entanto, não conseguem responder aos revides de forma satisfatória. Em geral, discutem ou brigam quando são atacadas ou insultadas. Nesse grupo geralmente encontramos as crianças ou adolescentes hiperativos e impulsivos e/ou imaturos, que criam, sem intenção explícita, um ambiente tenso na escola. Sem perceberem, as vítimas provocadoras acabam "dando tiro nos próprios pés", chamando a atenção dos agressores genuínos. Estes, por sua vez, se aproveitam dessas situações para desviarem toda e qualquer atenção para a vítima provocadora. Assim, os verdadeiros agressores continuam incógnitos em suas táticas de perseguição. III) As vítimas agressoras fazem valer os velhos ditos populares "Bateu, levou" ou "tudo que vem tem volta". Elas reproduzem os maus-tratos sofridos como forma de compensação, ou seja, procuram outra vítima, ainda mais frágil e vulnerável, e cometem contra esta todas as agressões sofridas. Isso aciona o efeito "cascata" ou círculo vicioso (cf. SILVA, 2010, pp. 37-42).

relacionamento social e no desenvolvimento escolar, ansiedade, estresse, evasão escolar, atos deliberados de autoagressão, alterações de humor, apatia, perturbações do sono, perda de memória, desmaios, vômitos, fobia escolar, anorexia, bulimia, tristeza, falta de apetite, medo, dores não especificadas, depressão, pânico, abuso de drogas e álcool, podendo chegar a atos de violência extrema contra a escola[34] e até ao suicídio ou "bullycídio".[35] Há casos de estudantes que tentam – mesmo não tendo sucesso – se suicidar por causa das agressões constantes na escola.[36] Sim, essa é uma realidade dramática que pouca gente conhece.

---

[34] De acordo com o estudo realizado pelo psiquiatra Timothy Brewerton, nos 66 ataques em escolas que ocorreram no mundo de 1966 a 2011, 87% dos atiradores sofriam *bullying* e foram movidos pelo desejo de vingança. A pesquisa apontou que em 76% dos ataques no mundo os assassinos eram adolescentes e tinham fácil acesso às armas de parentes. Segundo ele, 70% dos ataques registrados em escolas no mundo aconteceram nos Estados Unidos. O levantamento apontou que naquele país 160 mil alunos faltam diariamente no colégio por medo de sofrer humilhações, surras ou agressões verbais (*Bullying* motivou 87% de ataques em escolas, diz estudo – 16 de novembro de 2013. Disponível em: <http://www.estadao.com.br/noticias/geral,bullying-motivou-87-de-ataques-em-escolas-diz-estudo,707119,0.htm>. Acesso em: 16 jan. 2014).

[35] Cf. ESCOREL; BARROS, pp. 8, 12-14; MONTEIRO, 2008. Segundo Ana Silva (2010, pp. 25-32), os problemas mais comuns são: (i) sintomas psicossomáticos ou físicos; ii) transtorno do pânico ou medo; iii) fobia escolar; iv) fobia social, transtorno de ansiedade social – TAS ou timidez patológica; v) transtorno de ansiedade generalizada – TAG; vi) depressão; vii) anorexia e bulimia ou transtornos alimentares; viii) transtorno obsessivo-compulsivo ou "manias" – TOC; ix) transtorno do estresse pós-traumático – TEPT; x) esquizofrenia; xi) suicídio; xii) homicídio.

[36] De acordo com o estudo realizado em 2008 pela Dra. Young-Shin Kim e pela Dra. Bennett Leventhal, em que foram analisadas 37 pesquisas mundiais que examinaram o *bullying* e o suicídio, constatou-se que as

c) *Alunos testemunhas/espectadores* – são aqueles que testemunham as ações dos agressores contra as vítimas, mas não tomam qualquer atitude em relação a isso. Indiretamente magoam-se, ficam chateados e inquietos por acharem que não podem ajudar seus colegas. Muitos se sentem culpados por toda a vida. A maioria, embora não sofra nem pratique o *bullying*, presencia muitas vezes o abuso, mas se omite, por medo ou insegurança, pois, se sair em defesa do agredido, poderá tornar-se a próxima vítima. Outros tendem a acompanhar os agressores em suas ações, não só para garantir que no futuro não se tornarão as próximas vítimas, como também pelo prazer de pertencer ao grupo dominante. E acabam acreditando que o uso de comportamentos agressivos contra os colegas é o melhor caminho para alcançarem a popularidade e o poder, e por isso, muitos se tornam autores de *bullying*. Daí a omissão, o silêncio. Mas eles terminam por serem cúmplices da situação.[37] Inclusive, muitos adul-

---

vítimas desse tipo de violência estavam entre 2 a 9 vezes mais propensas a cometer suicídio do que crianças e adolescentes não vitimados. Verificou-se ainda que o fenômeno pode estar relacionado com uma das principais causas de suicídio entre crianças e adolescentes. Ficando em terceiro lugar, atrás apenas dos acidentes de trânsito e homicídios (cf. KIM, Young-Shin; LEVENTHAL, Bennett. Bullying and suicide: a review. Disponível em: <http://equalitytexas.org/app_themes/images/site/10/pages/10/Bullying-Suicide.pdf.>. Acesso em: 16 jan. 2014).

[37] Cf. ESCOREL; BARROS, 2008, p. 13; CAMARGO, 2009, p. 34; SILVA (2010, p. 46) divide os espectadores em quatro grupos distintos, a saber: I) *espectadores passivos*: em geral, os espectadores passivos assumem essa postura por medo absoluto de se tornarem a próxima vítima. Recebem ameaças explícitas ou veladas do tipo: "Fique na sua, caso contrário, a gente vai atrás de você". Eles não concordam e até repelem as atitudes dos *bullies*, no entanto, ficam de mãos atadas para tomar qualquer atitude em defesa das vítimas. Nesse grupo encontram-se os que, ao presenciarem cenas de violência ou que causam embaraços aos colegas, estão propensos a sofrer as consequências

tos atuam também como observadores, quando assistem a comportamentos de *bullying*, principalmente os encobertos, sem apresentarem nenhuma reação, por não saberem como lidar com a situação.[38]

4. Bullying e criminalidade

O *bullying* também está intimamente ligado à delinquência e à criminalidade. A criminologia moderna identifica a prática de *bullying* como fator de risco importante para

---

psíquicas, uma vez que sua estrutura psicológica também é frágil; II) *espectadores ativos*: estão inclusos nesse grupo os alunos que, apesar de não participarem ativamente dos ataques contra as vítimas, manifestam "apoio moral" aos agressores, com risadas e palavras de incentivo. Não se envolvem diretamente, mas isso não significa, em absoluto, que deixam de se divertir com o que veem. É importante ressaltar que misturados aos espectadores podemos encontram os verdadeiros articuladores dos ataques, perfeitamente "camuflados" de bons moços. Eles tramam tudo e ficam apenas observando e se divertindo ao verem "o circo pegar fogo"; III) *espectadores neutros*: dentre eles, podemos perceber os alunos que, por uma questão sociocultural (advindo de lares desestruturados ou de comunidades em que a violência faz parte do cotidiano), não demonstram sensibilidade pelas situações de *bullying* que presenciam. Eles são acometidos por uma "anestesia emocional", em função do próprio contexto social no qual estão inseridos. Seja lá como for, os espectadores, em sua grande maioria, se omitem em face dos ataques de *bullying*. Vale a pena salientar que a omissão, nesses casos, também se configura em uma ação imoral e/ou criminosa, tal qual a omissão de socorro diante de uma vítima de um acidente de trânsito. A omissão só faz alimentar a impunidade e contribuir para o crescimento da violência por parte de quem a pratica, ajudando a fechar a ciranda perversa dos atos de *bullying*; IV) podemos falar também, ainda que raramente, em *espectadores defensores*, que protegem o alvo ou buscam interromper a agressão.

[38] Cf. FANTE; PEDRA, 2008, p. 61.

comportamentos antissociais e criminosos.[39] Há evidência documental (Anti-Bullying Center Trinity College, Dublin) indicando que agressores têm grande chance de se tornarem adultos com comportamentos antissociais, podendo vir a adotar, inclusive, atitudes agressivas, violentas e, sobretudo, criminosas. Cabe dizer que as práticas de *bullying* não podem ser consideradas como um aspecto do desenvolvimento dos jovens, mas como uma marca para outros comportamentos mais graves, conhecidos como delinquência (transtorno de conduta ou conduta desviante), incluindo porte de arma de fogo, envolvimento em lutas de rua e, futuramente, violência doméstica contra as mulheres, abuso sexual sobre crianças e maus-tratos a idosos e animais.[40]

É importante destacar o fenômeno da *conversão* que costuma ocorrer nos casos de *bullying*, ou seja, quando vítimas de *bullying* acabam por converter-se em *bully*, ou seja, tornam-se praticantes das mesmas maldades de que foram vítimas. O perseguido troca o papel de "caça pelo de caçador". A maioria dos convertidos adota essa postura como uma forma de reagir aos maus-tratos sofridos ou mesmo de revidá-los. É o que estudos convencionam denominar "hipótese do ciclo de violência" (*cycle-of-violence hypothesis*). Triste ironia: "as vítimas se transformam em agressores de novas vítimas, num círculo vicioso que delineia a expansão do fenômeno *bullying*".[41] Inclusive, há vários casos extremos e verídicos, tanto dentro como fora do país, envolvendo violência e escola

---

[39] Cf. ROLIM, 2008, pp. 10, 28, 48-49.
[40] Cf. ROLIM, 2008, p. 49; SILVA, 2010, pp. 51-53.
[41] Cf. SILVA, 2010, pp. 133-134; ROLIM, 2008, p. 49.

nos últimos anos, em que vítimas de *bullying* tornaram-se agressores.[42]

Uma pesquisa realizada por Olweus acompanhou um grupo de adolescentes autores de *bullying*, entre 12 e 16 anos, ao longo de mais de uma década. Ele concluiu, através de seu estudo, que meninos suecos praticantes desse tipo de violência, entre a 6ª e a 9ª séries, possuem quatro vezes mais chances de alcançarem uma condenação criminal ou terem um registro oficial de crime. Ainda, estudos americanos revelaram que cerca de 60% dos garotos autores de *bullying*, entre a 6ª e a 9ª séries, são condenados por pelo menos um crime até a idade de 24 anos. Mais dramático ainda: sabe-se que 40% deles terão três ou mais condenações quando alcançarem essa idade. Um estudo de Baldry e Farrington (1999), por exemplo, com 113 meninas e 125 meninos entre 11 e 14 anos, em uma escola em Roma, concluiu que as práticas de *bullying* constituem

---

[42] Vários casos de vítimas (estudantes) de *bullying* que se converteram em agressores (serial *bullies*) são narrados pela literatura e não são tão incomuns: a) em 20 de abril de 1999, na cidade de Denver, Estado do Colorado, EUA, Eric Harris e Dylan Klebold, ao efetuarem vários disparos, mataram 13 pessoas no Instituto Columbine High School e ao final se suicidaram; b) em 26 de abril de 2002, em Erfurt, na Alemanha, Robert Steinhauser matou 17 pessoas, na Escola Johann Gutenberg; c) em 28 de setembro de 2004, em Carmen de Patagones, Argentina, resultou no total de 3 mortos; d) em 2005, um aluno de 16 anos matou 7 pessoas numa escola de Minnesota (EUA); e) em 2006, na Alemanha, um ex-aluno abriu fogo numa escola e deixou 11 feridos (cometeu suicídio em seguida); f) em 16 de abril de 2007, em Virgínea, EUA, Cho Ceung-hu matou 32 pessoas na Universidade de Virginia Tech; g) em novembro de 2007, em Jokela, Finlândia, 8 pessoas foram assassinadas por um aluno que divulgou o vídeo no Youtube, onde anunciava o massacre; h) no dia 25 de maio de 2008, em Kauhajoki, Finlândia, um aluno matou 9 pessoas e em seguida se suicidou; i) em 11 de março de 2009, em Winnenden, Alemanha, Tim Kretschmer matou 17 pessoas.

o estágio inicial de um percurso que tende a se desdobrar em práticas delituosas anos mais tarde.[43] Num estudo realizado pelo Serviço Secreto dos EUA em colaboração com o Departamento de Educação, analisaram-se 37 episódios de disparos de arma de fogo envolvendo 41 estudantes em escolas nos EUA, encontrando forte correlação com casos de *bullying* em pelo menos 2/3 dos casos.[44]

Ainda, segundo Rolim (2008, p. 48):

> ... pesquisa nacional de vitimização nos EUA com adolescentes, em 2001, ofereceu fortes elementos para a conclusão de que a experiência de vitimização por *bullying* está estreitamente vinculada às possibilidades de vitimização mais amplas por práticas definidas como criminosas. Os resultados mostraram que os estudantes que haviam relatado terem sido vítimas de *bullying* apareciam pelo menos duas vezes mais entre as vítimas de sérios atos de violência como estupro, agressão sexual e roubo, quando comparados com seus colegas que não haviam sido atingidos pelo *bullying*. Estudo longitudinal com 5.288 adultos de diferentes profissões encontrou uma relação significativa entre as experiências de vitimização por *bullying* nas escolas e episódios recentes de vitimização no ambiente de trabalho. Na correlação observada, os adultos com maior risco de vitimização foram aqueles que desempenharam o papel de vítimas e autores de *bullying*, seguidos pelos que foram exclusivamente vitimados.

Existe até um videogame que se chama "Bully" no mercado, em que para avançar no jogo é preciso infernizar ao máximo a vida dos colegas. A pergunta é: Que valor esse

---

[43] Cf. ROLIM, 2008, p. 32, 49; SILVA, 2010, p. 155.
[44] Apud ROLIM, 2008, p. 18.

tipo de jogo tem? De que forma ajuda a tornar o jovem uma pessoa melhor?

Só a título de ilustração, aponta-se um caso no Estado do Paraná, em que um adolescente, vítima de *bullying* na escola, se enveredou posteriormente para atividades ilícitas:

APELAÇÃO. ECA. ATO INFRACIONAL EQUIPARADO A ROUBO. REITERAÇÃO INFRACIONAL. MANUTENÇÃO DA MEDIDA SOCIOEDUCATIVA DE INTERNAÇÃO.

O relatório social confirma o que afirmou a genitora de que ela não dá conta de refrear os impulsos delinquenciais do adolescente, visíveis à época do ato infracional, visto que já havia se envolvido em outra infração em curto período. Relata o estudo que o adolescente já tem 17 anos, não possui uma rotina estabelecida, não frequenta a rede escolar há vários anos, nem projetos sociais ou cursos para seu desenvolvimento pessoal e social. Menciona que o adolescente era vítima de *bullying* nos colégios que frequentou – termo inglês utilizado para descrever atos intencionais e repetidos de violência física ou psicológica praticados por um indivíduo ou grupo de indivíduos com o objetivo de intimidar ou agredir outro indivíduo, causando dor e angústia dentro de uma relação desigual de poder que, a depender da família e do meio social em que o adolescente vive, poderá reverter em sentimentos negativos, como baixa autoestima, sérios problemas de relacionamento, comportamento agressivo, prática de *bullying* quando adulto ou até mesmo suicídio. Assevera que o comportamento do adolescente mudou negativamente e que tem demonstrado resistência quanto à imposição de limites. Noticia que conhece muitos dos adolescentes apreendidos e que através de sua linguagem verbal e de sua postura resta evidente o seu envolvimento com atividades ilícitas.[45]

Por isso, a preocupação com o *bullying* tem se justificado também como parte de estratégias eficazes de prevenção ao crime e à violência entre adultos, razão pelas quais abordagens *antibullying* devem ser pensadas também como parte das políticas de segurança pública.[46]

Nesse contexto, zelar para que crianças e jovens não sejam autores, vítimas e nem expostos a atos de *bullying* é fundamental para que não se tornem adultos agressivos e problemáticos. Tanto o *bullying* como a vitimização têm consequências negativas imediatas e tardias sobre todos os envolvidos. Não há dúvida de que o fenômeno estimula a delinquência e induz a outras formas explícitas de violência. Ao combatermos o *bullying* escolar, estamos combatendo também a futura criminalidade.[47] Porque, como dizia Pitágoras, "Eduque os meninos e não será preciso castigar os homens".

---

[45] Para saber mais: TJ/PR. Apelação Criminal n. 11.617554-6 (Acordão). 2ª Câmara Criminal. Rel. Noeval de Quadros. DJ: 12/11/2009. DP: 27/11/2009. Disponível em: <http://portal.tjpr.jus.br/jurisprudencia/j/1883989/Ac%C3%B3rd%C3%A3o-617554-6>. Acesso em: 16 jan. 2014.

[46] Cf. ROLIM, 2008, p. 10.

[47] Cf. CALHAU, 2009, p. 99; SILVA, 2010, p. 155. Os atos de violência praticados por adolescentes nem sempre têm relação direta com o *bullying*. Contudo, o comportamento agressivo de adolescentes tem sua origem na infância. Modelos agressivos de solução de conflitos ou problemas são muitas vezes passados aos filhos pelos próprios pais. Valores como direitos iguais, cidadania, respeito ao próximo frequentemente não são observados dentro da família. Adolescentes que sofreram violência na família ou presenciaram atos de violência entre os pais podem ter condutas agressivas na escola e na vida adulta.

5. Incidência do bullying no Brasil

Em nosso meio, as pesquisas voltadas ao tema ainda se dão de forma incipiente, mas alguns estudos têm se debruçado sobre o problema. Vejamos.

O *bullying* foi investigado pela primeira vez, ainda que sem uma metodologia bem estruturada, em escolas de Santa Maria, no Rio Grande do Sul. No entanto, a partir de 2000, com uma metodologia definida e adaptada do projeto europeu, surgiu uma pesquisa feita em escolas públicas do município do Rio de Janeiro e que teve como objetivos: i) diagnosticar os níveis de agressão e vitimização na escola, tais como: quantidade, periodicidade e persistência do *bullying*; ii) verificar a influência de fatos determinantes das práticas de agressão/vitimização; iii) identificar os tipos de *bullying* e os locais onde mais ocorrem. A intenção era a de verificar, através da própria percepção e ação dos alunos, a sua convivência escolar, a sua autopercepção de vítima, a sua autopercepção de agressor e de espectador do *bullying* escolar.[48]

A Associação Brasileira Multiprofissional de Proteção à Infância e à Adolescência (ABRAPIA), numa pesquisa realizada (de setembro 2002 a outubro 2003), objetivando investigar características dos atos de *bullying* entre 5.500 alunos de 5ª à 8ª séries de 11 escolas (nove públicas e duas particulares) no Rio de Janeiro, chegou aos seguintes resultados, que apontaram alguns dados bastante significativos:

---

[48] Cf. FIGUEIRA, 2004, p. 133; Sobre a pesquisa e resultados consultar: FIGUEIRA; NETO, 2002.

- 40,5% dos alunos admitiram estar diretamente envolvidos em atos de *bullying*, sendo 16,9% como alvos, 12,7% como autores e 10,9% ora como alvos, ora como autores;
- houve um pequeno predomínio do sexo masculino (50,5%) sobre o sexo feminino (49,5%) na participação ativa das condutas de *bullying*;
- os alunos afirmaram que o *bullying* ocorre mais frequentemente dentro das salas de aula (60,2%), durante o recreio (16,1%) e no portão das escolas (15,9%);
- 80% dos estudantes manifestaram sentimentos contrários aos atos de *bullying*, como medo, pena, tristeza etc.;
- 41,6% dos que admitiram ser alvos de *bullying* disseram não ter solicitado ajuda aos colegas, professores ou familiares;
- entre aqueles que pediram auxílio para reduzir ou cessar seu sofrimento, o objetivo só foi atingido em 23,7% dos casos;
- 69,3% dos jovens admitiram não saber as razões que levam à ocorrência de *bullying* ou acreditam tratar-se de uma forma de brincadeira;
- entre os alunos autores de *bullying*, 51,8% afirmaram que não receberam nenhum tipo de orientação ou advertência quanto à incorreção de seus atos.[49]

---

[49] Cf. LOPES NETO, 2005, p. S166; SILVA, 2010, p. 113. De acordo Silva (2010, p. 113-114), sobre os dados citados, cabem algumas considerações: tanto meninas quanto meninos se envolvem nos comportamentos de *bullying*. No entanto, as meninas tendem a praticar agressões na forma de terror psicológico e na manipulação de outras meninas contra as "colegas-alvo". Enquanto as meninas fazem *bullying* na base dos mexericos e intrigas, os meninos tendem a utilizar a força física para firmarem seu poder sobre os demais.

Marcos Rolim (2008) realizou uma pesquisa sobre a realidade do *bullying* em uma escola estadual de Porto Alegre, encontrando evidências impressionantes sobre a gravidade do problema. Nesse estudo se constatou que 84% dos alunos da escola foram atingidos por algum tipo de prática violenta durante o ano escolar, sendo que, desse total, 47,13% sofreram cinco ou mais agressões no mesmo período, "ponto de corte" escolhido pelo autor para caracterizar a repetição e, portanto, a ocorrência de *bullying*. No universo das vítimas de *bullying* na escola onde se realizou o estudo de caso, 87% foram ameaçadas, 75,3% foram agredidas fisicamente, 69,4% foram ridicularizadas e 37,6% foram vítimas de agressões de natureza sexual.

Numa pesquisa publicada em 2009 pela Faculdade de Economia e Administração da USP – pesquisa feita em 501 escolas com 18.599 estudantes, pais, professores e funcionários da rede pública de todos os estados do país –, pelo menos 10% dos alunos relataram ter conhecimento de situações em que alunos, professores ou funcionários foram vítimas do *bullying*. A maior parte (19%) foi motivada pelo fato de o aluno ser negro. Em segundo lugar aparecem os pobres (18,2%) e, depois, a homossexualidade (17,4%). No caso dos professores, o *bullying* é mais associado ao fato de ser idoso (8,9%). Entre funcionários, o maior fator para ser vítima de algum tipo de violência é a pobreza (7,9%). A deficiência, principalmente mental, também é outro motivo que leva à vitimização.[50]

---

[50] Escola é dominada por preconceitos, revela pesquisa. *O Estado de S.Paulo*, 18 jun. 2009. Disponível em: <http://www.estadao.com.br/estadaodehoje/20090618/not_imp389064,0.php>. Acesso em: 2 nov. 2009.

Pesquisa realizada pelo IBGE (2009) apontou Brasília como a capital do *bullying* escolar, onde 35,6% dos estudantes entrevistados disseram ser vítimas constantes da agressão. Belo Horizonte (35,3%) e Curitiba (35,2%) ocupam segundo e terceiro lugar, respectivamente. No *ranking* das capitais com mais vítimas de *bullying*, aparecem ainda Vitória (33,3%), Porto Alegre (32,6%), João Pessoa (32,2%), São Paulo (31,6%), Campo Grande (31,4%), Goiânia (31,2%), Teresina e Rio Branco (30,8%). Em seguida, está Salvador com 27,2%, e Natal e Belém, ambas com 26,7%. A capital de Tocantins apresenta o melhor resultado da pesquisa, já que em Palmas 26,2% dos estudantes afirmaram ter sofrido *bullying*. A população-alvo da pesquisa foi formada por estudantes do 9º ano do ensino fundamental (antiga 8ª série) de escolas públicas ou privadas das capitais dos estados e do Distrito Federal. O cadastro de seleção da amostra foi constituído por 6.780 escolas. Os resultados mostraram que 69,2% dos estudantes disseram não ter sofrido *bullying*. O percentual dos que foram vítimas desse tipo de violência, raramente ou às vezes, foi de 25,4%, e a proporção dos que disseram ter sofrido *bullying* na maior parte das vezes ou sempre foi de 5,4%. Em Brasília, o maior número de casos ocorreu nas escolas particulares: 35,9%, contra 29,5% nas escolas públicas. Segundo a pesquisa, o *bullying* é mais frequente entre os estudantes do sexo masculino (32,6%) que do sexo feminino (28,3%).[51]

Uma pesquisa nacional sobre *bullying*, concluída em 2010, realizado pelo Centro de Empreendedorismo Social e

---

[51] Pesquisa do IBGE aponta Brasília como campeã de *bullying*. *G1 Educação*. 15 jun. 2010. Disponível em: <http://g1.globo.com/brasil/noticia/2010/06/pesquisa-do-ibge-apontabrasilia-como-campea-de--bullying.html>. Acesso em: 10 set. 2010.

Administração em Terceiro Setor (Ceats/FIA), para a ONG Plan Brasil, mostrou que a maior parte do problema/*bullying* (21,5% dos casos) ocorre dentro das salas de aula, mesmo com os professores presentes. Segundo o estudo, 7,9% das agressões são feitas no pátio de recreio, 5,3% nos corredores, 1,8% nos portões da escola, 1,5% no banheiro, 1,2% no trajeto escola-casa e 1% no transporte escolar. Dos 5.168 alunos entrevistados, de 5ª a 8ª séries, de todas as regiões do país, de escolas públicas e particulares, 10% disseram ser vítimas de *bullying* e 10%, agressores – 3% são ao mesmo tempo vítimas e agressores. A pesquisa indicou também que 28% dos estudantes foram vítimas de algum tipo de violência dentro da escola no último ano e 71,6% deles presenciaram agressões. Quando se trata de agressões recorrentes (*bullying*), os meninos sofrem mais que as meninas: 12,5% deles se disseram vítimas, mas o número cai para 7,6% entre as garotas. O Sudeste é a região com mais vítimas de *bullying* (15,5%) e o Nordeste com a menor ocorrência (5,4%). A principal consequência do *bullying* para a vida escolar é semelhante tanto para agredidos quanto para os agressores. A perda de "concentração" e "entusiasmo" pelo colégio foram as consequências mais citadas pelos dois lados dos conflitos (16,5% das vítimas e 13,3% dos agressores). Outros dados preocupantes revelados pelo estudo são que 37% dos entrevistados disseram que "às vezes" sentem medo no ambiente escolar e 13% afirmaram que nunca se sentem acolhidos. Com a grande oferta de acesso à internet entre estudantes, os insultos e ameaças via e-mail, mensagens instantâneas e redes sociais passaram a fazer parte da realidade dos alunos. Dos entrevistados, 16,8% disseram que são ou já foram vítimas do *cyberbullying*, enquanto 17,7% se declararam praticantes.[52]

---

[52] Bullying escolar no Brasil. Relatório final, 2010. De acordo com a metodologia da pesquisa, o *bullying* é qualquer tipo de agressão física ou

Segundo pesquisa da Universidade de Navarra, na Espanha, em parceria com a Fundação Telefônica, 8,4% dos 4.205 estudantes brasileiros de 6 a 18 anos afirmaram, em 2008, que já haviam usado o celular para ofender alguém. Segundo o estudo, 79,4% dos alunos de 10 a 18 anos têm celular. Entre as crianças de 6 a 9 anos, o índice é de 50,5%.[53]

De acordo com a organização não governamental SaferNet, a versão virtual do *bullying* (*cyberbullying*) figura, hoje, entre as violações que mais vitimam crianças e adolescentes na internet. Numa pesquisa realizada pela organização em fevereiro de 2010, envolvendo 2.160 internautas do país com idades entre 10 e 17 anos, constatou-se que a prática de *cyberbullying* (ou intimidação virtual/on-line) representa um dos maiores riscos da internet para 16% dos jovens brasileiros conectados à rede. Esse mesmo estudo indica que 38% dos jovens reconhecem ter um amigo que já foi vítima de *cyberbullying*. Os números mostram, no entanto, que apenas 7% dos entrevistados já ouviram o desabafo de seus amigos sobre a vivência de situações de agressão e humilhação na internet. Uma pesquisa global da empresa de segurança Trend Micro indica que um terço dos jovens ativos na internet já passou por situações semelhantes.[54]

De acordo com a Pesquisa Nacional de Saúde Escolar (PeNSE, 2012), realizada pelo Instituto Brasileiro de Geografia e Estatística (IBGE), o *bullying* envolve quase 30% dos

---

moral entre pares, que ocorre repetidas vezes nas escolas. A pesquisa considerou ao menos três vezes ao ano, para configurar o *bullying*.

[53] Celular vira ferramenta de *bullying*. CATTASSINI, Lais. *O Estado de S.Paulo*, São Paulo, 28 fev. 2010, p. A30.

[54] Dezesseis por cento dos internautas brasileiros temem o *cyberbullying*. Disponível em: <http://bullynobullying.blogspot.com/2010/08/16-dos--internautas-brasileiros-temem-o.html>. Acesso em: 5 set. 2010.

estudantes brasileiros (foram entrevistados 109.104 alunos do 9º ano do ensino fundamental – 86% deles com 13 a 15 anos de idade). Mas a grande maioria desse total, 20,8%, é formada por agressores. Ou seja, um em cada cinco jovens na faixa dos 13 aos 15 anos pratica *bullying* contra colegas no Brasil. Os outros 7,2% são vítimas desse tipo de violência. O perfil dos agressores também aponta para uma predominância masculina: 26,1% dos meninos praticam *bullying*, em comparação com 16% das meninas. Também são eles os que mais sofrem agressão (7,9%), em relação a elas (6,5%). A pesquisa também mostra que a prática se torna mais frequente à medida que as vítimas ficam mais velhas: 13% dos alunos de 11 anos diziam sofrer *bullying* na escola, número que cai para 12% entre os de 13 anos e 19% entre os de 15 anos. Ainda, é na rede privada que há mais vítimas de *bullying* (7,9%), ante aqueles de escolas públicas (7,1%) e mais agressores (23,6%), ante aqueles de escolas públicas (20,3%).[55]

Os números que observamos são preocupantes. As pesquisas comprovam aquilo que os estudiosos do tema têm sustentado há muitos anos: o *bullying* é prática cotidiana e os seus efeitos podem ser devastadores.

Aliás, esperamos que esses dados sirvam para alertar estudantes, pais, gestores e docentes escolares, bem como a sociedade civil como um todo, acerca da ocorrência desse tipo de violência e das graves consequências que pode provocar para as pessoas envolvidas, as instituições de ensino e o próprio processo de formação e de consolidação da cidadania.

---

[55] Cf. PESQUISA NACIONAL DE SAÚDE ESCOLAR. Instituto Brasileiro de Geografia e Estatística (IBGE). Rio de Janeiro, 2013. Disponível em: <http://www.ibge.gov.br/home/estatistica/populacao/pense/2012/pense_2012.pdf>. Acesso em: 16 jan. 2014.

Inclusive, além de alertar, que esses resultados venham também a ser utilizados para direcionar a formulação de políticas públicas e para delinear técnicas de identificação e enfrentamento do problema, buscando formas adequadas de reduzir a incidência do *bullying*.

6. Medidas de enfrentamento ao bullying

Até agora podemos observar que a escola, como não poderia deixar de ser, está repleta de conflitos, inclusive o *bullying*. De qualquer forma, não podemos aceitar o discurso de muitas escolas e pais ao afirmarem o incidente como "uma conduta normal", "uma travessura sem importância", "uma falta menor", "fruto de falta de amadurecimento dos meninos(as)" ou "uma simples brincadeira". Não há dúvida de que essa prática necessita de respostas válidas. Os conflitos levam a uma reflexão e a uma ação. Às vezes, essa ação é violenta e, noutras vezes, não violenta. Dessa forma, há diversas abordagens no enfrentamento ao *bullying*. Vejamos.

Geralmente, diante da violência e dos casos de *bullying*, os procedimentos adotados pelas escolas são as tradicionais formas de coação (e castigo) ao aluno agressor, como a advertência, a suspensão ou a expulsão (culpabilização do aluno) e a conversa com os pais (culpabilização da família). Nos casos mais graves, notifica-se e/ou, se for o caso, requisita-se a presença da autoridade competente para as devidas providências (por exemplo, conselho tutelar, Departamento Estadual da Criança e do Adolescente, Ministério Público e Polícia).

Como os casos de *bullying* estão se tornando frequentes, verifica-se que a judicialização (transferência para os tribunais e outras instituições jurídicas) tem sido adotada como uma das formas de resolução de conflitos. Se o assunto começou tímido nos tribunais, nos últimos anos rompeu os obstáculos iniciais, e decisões coibindo o *bullying* começam a surgir, sinalizando que o poder judiciário não irá tolerar tais condutas, *punindo*, assim, os responsáveis.

Todavia, na esfera jurídica, é importante destacar que não há uma lei nacional específica tratando do tema, cabendo ao judiciário aplicar nos processos judiciais as regras e sanções previstas na Constituição Federal (arts. 5, X, 227), no Estatuto da Criança e do Adolescente (arts. 5, 15, 17, 101, 103, 105, 112, 245), no Código Penal (arts. 122, 129, 146, 147, 155, 157, 163, 213), no Código Civil (arts. 186, 927, 932, 933, 1.634) e no Código de Defesa do Consumidor (arts. 2, 3, 6, 8, 14), por exemplo. Assim, as práticas de *bullying* acarretam uma série de sanções para seus agressores (ou responsáveis legais, como pais e escolas), podendo gerar sanções administrativas, civis ou criminais, dependendo do grau e extensão dos danos causados às vítimas.

No tocante à responsabilidade criminal, ao praticar o *bullying* estará o menor infrator (criança/adolescente) praticando um "ato infracional análogo" aos crimes anteriormente estudados, tais como ameaça, constrangimento ilegal, lesão corporal, estupro, difamação, injúria etc. Destarte, o menor agressor responderá pelos ilícitos penais na condição de "ato infracional análogo", recebendo medidas protetivas (art. 101 do ECA) ou socioeducativas (art. 112 do ECA), que vão desde uma advertência até uma internação por 3 (três) anos, dependendo da idade do menor e da gravidade do ato infracional. Todavia, quanto ao Direito Penal (criminalização) na tarefa de resolução das condutas violentas no contexto escolar, deve constituir o último recurso, dado a existência, inescusável em um Estado Social e Democrático de Direito, de respeitar o princípio da *ultima ratio*. Ou seja, esgotadas as ferramentas preventivas, e não sendo possível que o conflito seja resolvido por meios extrajurídicos ou jurídicos não penais, resulta legítimo que se recorra ao Direito Penal.

Pois bem. São inúmeras as jurisprudências visando enfrentar a prática do *bullying*. No caso abaixo, a escola é responsabilizada pelos abalos psicológicos a um menor e condenada a pagar indenização por danos morais.

DIREITO CIVIL. INDENIZAÇÃO. DANOS MORAIS. ABALOS PSICOLÓGICOS DECORRENTES DE VIOLÊNCIA ESCOLAR. BULLYING. OFENSA AO PRINCÍPIO DA DIGNIDADE DA PESSOA. SENTENÇA REFORMADA. CONDENAÇÃO DO COLÉGIO. VALOR MÓDICO ATENDENDO-SE ÀS PECULIARIDADES DO CASO.

1. Cuida-se de recurso de apelação interposto de sentença que julgou improcedente pedido de indenização por danos morais por entender que não restou configurado o nexo causal entre a conduta do colégio e eventual dano moral alegado pelo autor. Este pretende receber indenização sob o argumento de haver estudado no estabelecimento de ensino em 2005 e ali teria sido alvo de várias agressões físicas que o deixaram com traumas que refletem na sua conduta e na dificuldade de aprendizado.

2. Na espécie, restou demonstrado nos autos que o recorrente sofreu agressões físicas e verbais de alguns colegas de turma que iam muito além de pequenos atritos entre crianças daquela idade, no interior do estabelecimento réu, durante todo o ano letivo de 2005. É certo que tais agressões, por si só, configuram dano moral cuja responsabilidade de indenização seria do colégio, em razão de sua responsabilidade objetiva. Com efeito, o colégio réu tomou algumas medidas na tentativa de contornar a situação, contudo, tais

providências foram inócuas para solucionar o problema, tendo em vista que as agressões se perpetuaram pelo ano letivo. Talvez porque o estabelecimento de ensino apelado não atentou para o papel da escola como instrumento de inclusão social, sobretudo no caso de crianças tidas como "diferentes". Nesse ponto, vale registrar que o ingresso no mundo adulto requer a apropriação de conhecimentos socialmente produzidos. A interiorização de tais conhecimentos e experiências vividas se processa, primeiro, no interior da família e do grupo em que este indivíduo se insere, e, depois, em instituições como a escola. No dizer de Helder Baruffi, "Neste processo de socialização ou de inserção do indivíduo na sociedade, a educação tem papel estratégico, principalmente na construção da cidadania". (TJ-DF – Apelação Cível n. 2006.03.1.008331-2 – Rel. Des. Waldir Leôncio Júnior – j. 7/8/2008).

Essa decisão foi tida como histórica por responsabilizar a escola, já que esta não tomou atitudes efetivas para combater o *bullying*. O caso tratado pelo judiciário era de um menino da 2ª série, com 7 anos, que sofreu agressões físicas tão graves que foi encaminhado ao IML para exame de corpo de delito. A referência da ementa a crianças "diferentes" diz respeito à dificuldade de aprendizado do menino.

Outras decisões neste sentido:

RECURSO INOMINADO. MUNICÍPIO DE SANTA MARIA. AÇÃO INDENIZATÓRIA. ESCOLA DE ENSINO FUNDAMENTAL. *BULLYING*. AGRESSÕES E HUMILHAÇÕES. MENOR COM SÍNDROME DE DOWN. RESPONSABILIDADE CIVIL DO MUNICÍPIO CONFIGURADA. DANO MORAL CARACTERIZADO. *QUANTUM* INDENIZATÓRIO REDUZIDO (TJ/RS. Recurso Cível. n. 71004620498. Rel. Des. Luís Francisco Franco. DJ: 28/11/2013. DP: 16/12/2013).

APELAÇÃO CÍVEL. RESPONSABILIDADE CIVIL. AÇÃO DE INDENIZAÇÃO POR DANOS EXTRAPATRIMONIAIS. APELIDO DADO EM RAZÃO DE PROBLEMA CONGÊNITO DA AUTORA POR PROFESSORA DE ESCOLA MUNICIPAL. RESPONSABILIDADE CIVIL DO ESTADO CONFIGURADA. ART. 37, § 6º, CCF/88. ATO ILÍCITO E *BULLYING*. DANOS EXTRAPATRIMONIAIS VERIFICADOS. *QUANTUM* INDENIZATÓRIO MAJORADO. HONORÁRIOS ADVOCATÍCIOS MANTIDOS. CORREÇÃO MONETÁRIA E JUROS DE MORA. LEI N. 11.960/09. – RESPONSABILIDADE EXTRACONTRATUAL DO ESTADO (TJ/RS. Apelação Cível n. 70049350127. Rel. Des. Leonel Pires Ohlweiler. DJ: 29/08/2012. DP: 06/09/2012).

APELAÇÃO CÍVEL – ABALOS PSICOLÓGICOS DECORRENTES DE VIOLÊNCIA ESCOLAR – *BULLYING* – ESTABELECIMENTO DE ENSINO – RESPONSABILIDADE OBJETIVA – FALHA NA PRESTAÇÃO DE SERVIÇO – OFENSA AO PRINCÍPIO DA DIGNIDADE HUMANA – DANO MORAL CONFIGURADO – REFORMA DA SENTENÇA (TJ/MG. Apelação Cível n. 1.0024.10.142345-7/002. 15ª Câmara Cível. Rel. Des. Tibúrcio Marques. DJ: 25/04/2013. DP: 03/05/2013).

APELAÇÃO CÍVEL – AÇÃO DE INDENIZAÇÃO – PRÁTICA DE *BULLYING* – AMBIENTE ESCOLAR – PRELIMINAR DE INCOMPETÊNCIA DO JUÍZO E CERCEAMENTO DE DEFESA – REJEITADAS – ART. 933 DO CPC – RESPONSABILIDADE DOS GENITORES DO MENOR – COMPROVAÇÃO DA PRÁTICA DO *BULLYING* – INDENIZAÇÃO DEVIDA – RECURSO NÃO PROVIDO (TJ/MG. Apelação Cível n. 1.0024.08.199172-1/001. 14ª Câmara Cível. Rel. Desa. Hilda Teixeira da Costa. DJ: 15/03/2012. DP: 17/08/2012).

APELAÇÃO CÍVEL – ABALOS PSICOLÓGICOS DE-CORRENTES DE VIOLÊNCIA ESCOLAR – *BULLYING* – ESTABELECIMENTO DE ENSINO – RESPONSA-BILIDADE OBJETIVA – FALHA NA PRESTAÇÃO DE SERVIÇO – OFENSA AO PRINCÍPIO DA DIGNIDA-DE HUMANA – DANO MORAL CONFIGURADO – REFORMA DA SENTENÇA (TJ/MG. Apelação Cível 1.0024.10.142345-7/002. Rel. Des. Tibúrcio Marques. DJ: 25/04/2013. DP: 03/05/2013).

Recentemente, três adolescentes de classe média foram condenados a prestar 8 horas de serviços semanais à comunidade durante 6 meses por terem colocado apelido de "Bode" em uma colega de classe. Tudo começou quando os alunos começaram a se chamar por apelidos como "Maçã do Amor", "Pote" e "Peixe". Uma das alunas, de 15 anos, se sentiu ofendida ao ser chamada de Bode e contou ao pai. Irritado, ele chegou a invadir a escola e a dar um tapa no rosto de um dos meninos.[56]

Noutro caso recente, ocorrido em Belo Horizonte, os pais de um adolescente agressor foram condenados a pagar indenização de danos morais, no valor de R$ 8 mil reais, a uma adolescente vítima de *bullying*. "Tábua", "prostituta", "sem peito" e "sem bunda" foram as ofensas disparadas pelo adolescente condenado por praticar *bullying* contra uma colega de classe, em uma escola particular de Minas Gerais. O magistrado Luiz Artur Rocha Hilário, da 27ª Vara Cível de Belo Horizonte, que julgou o caso, entendeu que a ação, movida

---

[56] Cf. Juiz condena adolescentes por apelidarem colega de escola de "bode". *O Globo*. Disponível em: <ghttp://oglobo.globo.com/sp/mat/2008/10/16/juiz_condena_adolescentes_por_apelidarem_colega_de_escola_de_bode_-585970782.asp>. Acesso em: 16 out. 2008.

pela família da garota, era procedente e determinou o pagamento de indenização por danos morais, fixada no valor de R$ 8 mil. A decisão foi dada em primeira instância. Segundo a garota, o colega usou apelidos e insinuações durante grande parte do período letivo para prejudicá-la. Mesmo com uma advertência escolar, o comportamento do garoto não mudou. Os parentes da adolescente agredida decidiram ajuizar uma ação contra o menino. Os pais do adolescente alegaram que o menino passou a ser chamado de "réu" e "processado" após o ajuizamento da ação. O magistrado afirmou que a discussão envolvendo o *bullying* é nova no âmbito judicial. O juiz ainda diz que buscou ser razoável com o valor da multa. Ele entendeu que o comportamento do garoto era excessivo e que mesmo um adolescente deve respeitar os limites necessários para uma boa convivência.[57] Nesse caso, apesar da escola figurar como ré, o magistrado entendeu que ela de certa forma tomou medidas para combater a prática de *bullying*. A sentença do magistrado de primeiro grau entende que os pais do menor são responsáveis por suas condutas. Já pode ser considerada como uma sentença paradigmática para o caso de *bullying*, por ser uma das primeiras a sancionar de alguma forma a conduta do agressor. Essa sentença teve ampla divulgação na mídia via internet, em jornais impressos e revistas especializadas em educação e inclusive nos telejornais nacionais, especialmente pela condenação.

Casos recentes envolvendo *cyberbullying* também começaram a surgir. Inclusive já existem delegacias especializadas em crimes cibernéticos para onde se devem levar as provas e

---

[57] Cf. ROBINI, Priscila. Adolescente é condenado a pagar R$ 8 mil por *bullying*. Estado de Minas. Disponível em: <http://www.anamages. org.br/site/?noticias/2010/05/27/em-minasadolescente-e-condenado-a- -pagar-r-8-mil-por-bullying>. Acesso em: 10 set. 2010.

onde se formalizam as queixas, ressaltando que o anonimato e a menoridade não isentam o agressor de responsabilidades e de punições, caso cometam esse atos ilícitos.

Neste caso abaixo os alunos agrediram um professor pelo Orkut. E os pais foram responsabilizados pelos ilícitos cometidos por seus filhos, conforme segue:

AÇÃO DE INDENIZAÇÃO – COMUNIDADE VIRTUAL DO ORKUT – MENSAGENS DEPRECIATIVAS A PROFESSOR – RESPONSABILIDADE DOS PAIS. Os danos morais causados por divulgação, em comunidade virtual – Orkut –, de mensagens depreciativas, denegrindo a imagem de professor – identificado por nome –, mediante linguagem chula e de baixo calão, e com ameaças de depredação a seu patrimônio, devem ser ressarcidos. Incumbe aos pais, por dever legal de vigilância, a responsabilidade pelos ilícitos cometidos por filhos incapazes sob sua guarda (TJ-RO – Acórdão COAD 126721 – Ap. Civ. 100.007.2006. 011349-2 – Rel. Convocado Juiz Edenir Sebastião Albuquerque da Rosa – Public. em 19-9-2008).

Em seu voto, o relator fez as seguintes considerações:

A meu ver, tais condutas ultrapassam, em muito, o que pode ser considerado brincadeira, pois não é a pretexto de brincadeira que se justifica ofender a honra alheia ou se ameaça depredar o patrimônio alheio. Caso não saibam os apelantes, a brincadeira, quando ocorre, tem o consentimento e a empatia das partes envolvidas, e não foi assim que os fatos se deram. Quanto à função punitiva da reparação, esta se dirige diretamente aos pais, que têm o dever de vigilância e educação, de forma que o cumprimento de medida socioeducativa pelos filhos não tem o condão de, por si só, afastá-la. Saliento que o dever de vigilância é uma incumbência legal dos pais, enquanto responsáveis pelos filhos. Trata-se de um dever legal objetivo do qual não pode o responsável se escusar, ao argumento de ser impossível a vigilância do filho por 24 horas ao dia. Noutras palavras, o argumento trazido pelos apelantes é por demais frágil e não afasta os consectários do descumprimento do dever legal. Quanto à repercussão dos comentários lesivos, é fato notório que as comunidades virtuais do Orkut têm ampla divulgação aos cadastrados via internet, não sendo crível que os dados ali postados tenham-se restringido aos 29 membros participantes do grupo. Portanto, não há como afastar a responsabilidade dos apelantes, sendo devida a reparação pelos danos deflagrados.

Houve um outro caso em que a mãe foi condenada por *cyberbullying* praticado pelo filho adolescente,

a prática de *bullying* é ato ilícito, respondendo o ofensor pela prática ilegal. Com base nesse entendimento, a 6ª Câmara Cível manteve decisão do 1º grau no sentido de condenar a mãe de um menor de idade que criou página na internet com a finalidade de ofender colega de classe. Por conta da atitude do filho, ela terá de pagar indenização por danos morais no valor de R$ 5 mil, corrigidos monetariamente.[58]

---

[58] O entendimento da desembargadora é de que o filho menor da ré ofendeu os chamados direitos de personalidade do autor, como à imagem e à honra. Resta incontroversa a ilicitude praticada pelo descendente da demandada ante a prática de *bullying*, haja vista compreender a intenção de desestabilizar psicologicamente o ofendido, o qual resulta em abalo acima do razoável, observa a Desembargadora Liége em seu voto. "Não obstante, ao tempo das ofensas o filho da ré era menor de idade e estava sob a guarda e orientação da matriarca, a qual é responsável pelos atos do descendente." O voto ressalta que aos pais incumbe o dever de guarda, orientação e zelo pelos filhos menores de idade, respondendo civilmente pelos ilícitos praticados, uma vez ser inerente

Outro caso recente:

APELAÇÕES CÍVEIS. RESPONSABILIDADE CIVIL. AÇÃO DE INDENIZAÇÃO POR DANOS MORAIS. OFENSAS PUBLICADAS EM REDE SOCIAL. DANO MORAL CARACTERIZADO. *BULLYING. QUANTUM* INDENIZATÓRIO. DANOS MATERIAIS (TJ/RS. Apelação Cível n. 70052810595. Rel. Des. Jorge Luiz Lopes do Canto. DJ: 27/03/2013. DP: 03/04/2013).

Não obstante, as medidas judiciais para o enfrentamento do *bullying* escolar são válidas e, em muitos casos, necessárias. Todavia, ações puramente disciplinares e punitivas são medidas claramente insuficientes para a abordagem do fenômeno, já que acarretam algumas consequências negativas para a vítima, para a comunidade e para os próprios estudantes punidos, o que acaba por marginalizá-los.[59] Não podemos

---

ao pátrio poder, conforme artigo 932 do Código Civil. Incontroversa a ofensa aos chamados direitos de personalidade do autor, como à imagem e à honra, restando, ao responsável, o dever de indenizar o ofendido pelo dano moral causado, o qual, no caso, tem natureza presumível (Cf. Mãe condenada por *cyberbullying* praticado por filho adolescente. *Bom Dia,* 2 jun. 2010. Disponível em: <http://www.bomdia.adv.br/noticias.php?id_noticia=21364.>. Acesso em: 4 ago. 2010.

[59] O processo disciplinar contribui para a estigmatização e o isolamento da vítima (dupla vitimização da vítima), deixando-a também dolorida e insegura porque sua dignidade e intimidade não foram restabelecidas. O enfoque exclusivamente repressivo faz com que os agressores se considerem vítimas do sistema, sem que tenham oportunidade de entender como sua ação afeta a outros, os impede de aprender a responsabilizar-se por seus próprios atos e de participar na identificação de um meio para reparar a vítima e inclusive para definir o castigo ou consequência adequada (vitimização do agressor). A sanção de quem tem um comportamento desviado não leva em conta, quase sempre, o dano causado à vítima, assim o castigo cumpre uma função vingativa, mas não restaurativa do dano. A forma como o assunto é tratado (pro-

usar o Judiciário como guia para a convivência escolar. Nem sempre um enfoque exclusivamente punitivo/repressivo/disciplinar é a solução mais adequada, por isso deve ser evitado, tanto quanto possível.

Portanto, propõem-se medidas alternativas e/ou complementares que contribuam ao diálogo e à busca de soluções pacíficas dos conflitos e, somente em último caso, não sendo resolvido o problema pacificamente, e esgotadas todas as possibilidades que o caso concreto recomendar, acionar o Poder Judiciário para coibir essas práticas e julgar esses casos, para que os agressores sejam responsabilizados e punidos por seus atos.

Num dos casos citados anteriormente, a mãe de um dos alunos envolvidos declarou: "Era um assunto que poderia ter sido resolvido na escola e não na justiça". Já outra mãe disse: "Esperava de todos os envolvidos no caso diálogo e não processos".[60] Nesse sentido, comungamos com a ideia de que melhor "do que reprimir e punir" é caminhar em direção à resolução dos conflitos por meio do diálogo, da compreensão,

---

cesso disciplinar) gera a impossibilidade de aprender sobre o incidente para corrigir o sucedido e permitir que as partes envolvidas e os afetados determinem a melhor forma de curar as feridas e reconstruir os vínculos rompidos pelo incidente (não reintegração da comunidade). A imposição de sanções "exemplares", entendidas como uma oportunidade para castigar e excluir quem se desvia, impede de entender essa situação como uma oportunidade de aprender e interiorizar valores de convivência, de direitos individuais e de respeito mútuo adequados. O enfoque exclusivamente repressivo não permite uma verdadeira restauração da dignidade, nem a reconstrução dos vínculos afetados pelo incidente, ou a reinclusão dos agressores e agredidos dentro da comunidade escolar (cf. REALES, 2007).

[60] CF. Juiz condena adolescentes por apelidarem colega de escola de "Bode". *O Globo*. Disponível em: <http://oglobo.globo.com/sp/mat/2008/10/16/juiz_condena_adolescentes_por_apelidarem_colega_de_escola_de_bode_-585970782.asp>. Acesso em: 16 out. 2008.

da negociação e da resolução do problema, com vistas a buscar um clima escolar positivo e integrador.

Nesse sentido, a Organização das Nações Unidas para a Educação, a Ciência e a Cultura (UNESCO) propõe:

... à busca da cultura de paz, como uma cultura baseada num conjunto de valores e compromissos com o respeito a todos os direitos individuais e humanos, a promoção e vivência do direito à vida e à dignidade de cada pessoa sem discriminação ou preconceito, a rejeição a qualquer forma de violência, o respeito à liberdade de expressão e à diversidade cultural por meio do diálogo e da compreensão e do exercício do pluralismo, a prática do consumo responsável respeitando-se todas as formas de vida do planeta e *a resolução dos conflitos por meio do diálogo, da negociação e da mediação*. A boa convivência escolar implica o esforço e persistência de toda a comunidade no combate à violência, mediando os conflitos. É necessária a compreensão de que o conflito é uma constante na vida de todos, contudo, podemos criar as condições de amenizá-lo para que não chegue à condição de violência. O principal objetivo é a construção de um processo educativo, cujo conteúdo está ancorado na convivência comunitária participativa e responsável. Que todas as medidas adotadas sejam o resultado de um processo dialogado, devidamente registradas, com o conhecimento da parte interessada e, no caso dos alunos menores de 18 anos, com a ciência de seus pais ou responsáveis, assegurando-se, sempre, o direito à ampla defesa e, ainda, que expressem os compromissos assumidos pelos envolvidos para a superação dos conflitos ocorridos.[61]

---

[61] Ponto 17, f. 5, Parecer n. 820/2009. Responde consulta sobre a inserção de normas de convivência nos regimentos escolares das escolas de Educação Básica integrantes do Sistema Estadual de Ensino. Comissão

Dessa forma, devemos buscar uma solução efetiva para reduzir a incidência do *bullying*, solução esta que seja aceita pelo grupo e que seja internalizada e duradoura para o ambiente escolar. Devemos ter mente aberta para todas as possibilidades de solução de conflito e interação entre pessoas.

Assim, a aplicação da justiça/cultura restaurativa no contexto escolar representa uma nova forma de agir, um modo de pacificação das relações sociais no meio escolar.

O enfoque restaurativo oferece uma oportunidade para buscar uma solução adequada que, apesar do sucedido, permite restabelecer as relações e vínculos afetados pelo incidente (reconstrução do tecido social rompido), intervindo para proteger o gozo efetivo dos direitos tanto dos agressores como da vítima e para estabelecer um enfoque complementar para o manejo do conflito: a visão do problema e da solução.

Conforme Amstutz e Mullet (2012, p. 93), o modelo restaurativo foi testado e se mostra uma ferramenta eficiente na prevenção e enfrentamento do *bullying*. A disciplina restaurativa dá suporte a escolas que querem ficar livre do *bullying*. É através dos processos circulares (para educadores, funcionários e alunos) que se promove a justiça e se constroem os relacionamentos solidários tão necessários a uma escola segura (escola pacificadora). Assim, as autoras recomendam círculos restaurativos (preventivos e resolutivos) para os casos de *bullying*. Vejamos:

> Em círculos (preventivos), as pessoas na educação das crianças/adolescentes se conscientizam do *bullying* que está acontecendo à sua volta, partilham suas experiências de terem

---

de Legislação e Normas, Governo do Estado do Rio Grande do Sul, 9 dez. 2009.

sido autores e vítimas, aprendem comunicação não violenta, criam diretrizes para uma comunidade segura e oferecem apoio mútuo através de formas mais saudáveis de pensar e agir. Quando o *bullying* acontece, segue-se a recuperação e a reintegração de todas as partes envolvidas. Por vezes se realizam conferências ou círculos restaurativos a fim de envolver todas as pessoas afetadas pelo *bullying*. É uma ocasião para que todos ouçam o que aconteceu e planejem como será promovida a responsabilização e reintegração (pp. 93-94).

Ainda, de acordo com as autoras (pp. 94-95), os processos restaurativos para vítimas ou autores de assédio escolar podem incluir os seguintes elementos:

- Um encontro inicial com a pessoa que sofreu o *bullying* para ouvir seu relato, criar um plano de segurança e estabelecer o que ela precisa para sentir que foi feita justiça – organizando-se tais itens na forma de um acordo, se cabível.

- Um encontro com o perpetrador a fim de ouvir a sua versão dos fatos, entender sua motivação ao assediar moralmente o colega, explicar o dano que causou, estimular a reflexão, a tomada de responsabilidade, sugerir comportamentos novos, mais saudáveis e promotores de vida para o presente e o futuro e desenvolver um plano para concertar a situação, usando o formato de um acordo, se cabível.

- Encontros de monitoramento com as duas partes para ter certeza de que o acordo está sendo cumprido.

- Análise das variáveis do ambiente que possam ter contribuído para o incidente. Tais incidentes se manifestam em determinados contextos, dentro de certos grupos de alunos, em locais específicos, ou mesmo em determinado horário? Que variáveis contextuais ou sistemáticas fomentam, disparam ou premiam comportamentos violentos?

Tais descobertas deveriam ser compartilhadas com o comitê ou equipe competente.[62]

Imagine a cena. Uma aluna ofende uma colega da sala várias vezes com apelidos ofensivos. Alguns dias depois, a pedido do professor, as duas se reúnem na presença de outras pessoas (familiares, professores, diretora) e, após as devidas desculpas, é feito um acordo para que o conflito não volte a ocorrer. Isso é possível? Sim, além de possível tem apresentado resultados muito positivos (inclusive, quase não há reincidência), através da implementação da justiça restaurativa nas escolas, entre estudantes, entre os mesmos e os respectivos quadros executivos e administrativos e a comunidade. Estes projetos vêm sendo implementados no Brasil, desde 2005, em várias cidades (entre elas, São Caetano do Sul, Heliopólis, Garulhos, Campinas, Porto Alegre), e recentemente têm se expandindo para outros estados e municípios, evitando, assim, que o problema vá parar na justiça.

---

[62] Ainda, de acordo com Amstutz e Mullet (pp. 95-96), podem ser feitas algumas perguntas e comentários que ajudam os autores de *bullying* a mudarem, como, por exemplo: O que você fez?", "O que queria causar, quando fez isso?", "Ponha-se no lugar de (nome da vítima), e pense em como ele/ela se sentiu quando isso aconteceu?", "Tente se lembrar de uma situação em que alguém o(a) agrediu. O que aconteceu? O que você sentiu?", "Todo mundo comete erros e machuca os outros. O importante é aprender com os erros. Você quer ser alguém que corrige os próprios erros? Como poderia endireitar as coisas?", "O que acha que (nome da vítima) precisa para se sentir melhor? Existe alguma coisa boa que gostaria de fazer com relação a isso?", "Você decidiu corrigir a situação fazendo... (listar os itens do acordo). Como vai fazer isso? Quando pretende fazer isso?", "Vamos refletir para encontrar a melhor forma de resolver isso. O que você vai falar/fazer primeiro?", "Talvez sinta vontade de assediar alguém no futuro. O que fará em vez de agredir seu(sua) colega? Consegue se lembrar de alguma vez que quis fazer isso, mas desistiu? O que pensou? Conseguiria fazer a mesma coisa no futuro?".

Para além de permitir um elevado grau de envolvimento da comunidade e escola, as práticas restaurativas educam os estudantes envolvidos para que saibam resolver os seus próprios conflitos numa base pacífica, cooperativa, solidária, inclusiva, resolutiva, segura, participativa e respeitosa, centrada já não na responsabilidade ou culpa, no castigo ou expulsão, mas numa forma reconstrutiva das relações e preparativas de um futuro convívio respeitoso.[63] Ou seja, promove a efetiva responsabilização e mudança de comportamento. As intervenções da Justiça Restaurativa operam a partir de uma base emocional. O objetivo é desfazer emoções negativas e construir emoções positivas.[64]

O que acontece na prática restaurativa (por exemplo, mediação, conferência familiar, círculos) na escola?

Qualquer um dos interessados na resolução do caso – geralmente é a vítima, mas nada impede que sejam os agressores, familiares, amigos, comunidade escolar etc. – pode pedir que a prática restaurativa seja convocada. É importante que o processo restaurativo, para ser efetivo, conte com

---

[63] Cf. WRIGHT; FOUCAULT, 2003, pp. 86, 89.

[64] Citado por Morrison, 2010. Ainda, segundo a autora, após os mortíferos tiroteios em escolas nos anos de 1990, o National Research Council (2003, p. 336) concluiu: "Uma mensagem clara e contundente deixada pelos casos (de tiroteios mortíferos) é que os adolescentes são extremamente preocupados com sua posição social dentro da escola e entre seus pares. Para alguns, a preocupação é tão grande, que uma ameaça a seu status é considerada como uma ameaça a sua própria vida, sendo que o status é algo a ser defendido a qualquer custo". Prossegue-se com a recomendação: "Jovens necessitam de ambientes onde se sintam valorizados, empoderados e necessários. Isto faz parte da trajetória da infância para a vida adulta (...). Garantir que eles encontrem espaços abertos e alternativas pode ser uma maneira importante de prevenir a violência".

a participação voluntária de todos. No encontro, através do diálogo, surge a oportunidade de cada protagonista expor os fatos (sem interpretação ou opinião) e, ambos, discutirem sobre os motivos e consequências do ocorrido (impacto em cada um), visando identificar as necessidades e obrigações de ambos e buscar uma forma de melhorar a relação. A vítima pode dizer que a atitude a incomoda e que ela está mal com isso. O agressor entende o que ocorreu, conscientiza-se dos danos que causou à vítima e assume a responsabilidade pelo dano causado, reparando a vítima e demonstrando como pode melhorar. A reparação pelo dano causado pode se dar com a simples promessa de não repetição dos fatos, bem como pelo pedido de desculpas e/ou outros gestos simbólicos, ou ainda por meio de uma compensação aos afetados pelo ato. Em seguida, firma-se, então, um compromisso que é redigido e assinado. Caso os sentimentos e necessidades identificados não estejam sendo atendidos, discute-se o que se pode fazer. Em muitos casos (e este é o objetivo principal) é possível o arrependimento, a confissão, o perdão e a reconciliação entre as partes. Importante ressaltar que o programa restaurativo deve ser específico (pontual), ou seja, um programa que melhor atenda a realidade de sua escola.

A busca das soluções é acompanhada por um facilitador (por exemplo, professor, funcionário, aluno, assistente social, psicólogo) que irá ajudar as partes envolvidas a criarem um ambiente de diálogo propício, de forma a alcançar um acordo restaurativo que repare realmente a vítima e restabeleça as relações de convivência. O facilitador deve ser capacitado para essa prática (por exemplo, ter conhecimento do assunto, saber ouvir, dar lugar para as emoções, conhecer a linguagem não verbal, respeitar, ter habilidades de comunicação, tempo, paciência, confiança mútua). Deve também ser capaz de compreender por que e quando deverá encaminhar um caso de violência a outros profissionais e/ou instituições.[65]

Em Porto Alegre, por exemplo, a prática da justiça restaurativa é realizada através dos chamados círculos restaurativos, em que todos os envolvidos sentam em círculo como iguais, sem julgamentos e representações formais. Num primeiro momento ocorre a realização do *pré-círculo*, onde se define o fato ocorrido e se informa individualmente a cada participante sobre os passos a serem seguidos no círculo. No segundo, a realização do *círculo* propriamente dita, em que as partes envolvidas no conflito se escutam e falam de suas necessidades na hora do conflito, até entrarem em um acordo para restaurar o laço fragilizado da relação e se corresponsabilizarem por suas ações presentes e futuras. Num terceiro momento, a realização do *pós-círculo* tem o principal objetivo de avaliar se o acordo proposto no círculo se efetivou ou não.[66]

A professora Vitória Blanco Tato conta que na Escola Estadual Professora Eda Mantoanelli já aconteceram cerca de 20 círculos. Para os casos de *bullying*, o círculo tem sido muito eficiente. Ela relata que:

---

[65] Conforme Silva (2010, pp. 166-169), o facilitador deve começar pela vítima, demonstrando total compreensão e disponibilidade para ajudá-la, de forma que ela se sinta segura o suficiente para falar sobre seus sentimentos e suas limitações para fazer frente aos ataques que sofre. Nesse momento, deve-se evitar qualquer tipo de crítica, censura ou superproteção, pois essas posturas podem intimidar ou fragilizar ainda mais a vítima. No caso dos agressores, também é preciso criar um clima de compreensão para que possam revelar seus pensamentos, suas motivações, bem como para avaliarem suas atitudes agressivas. É importante destacar que, apesar do diálogo compreensivo e acolhedor, o facilitador precisa ser firme e expor aos agressores todas as consequências que podem advir do seu comportamento inadequado.

[66] Cf. BRANCHER, 2007.

"Fomos chamados para dar uma ajuda num círculo de outra escola, em que alunos e professores queixavam-se do comportamento agressivo e indisciplinado de um menino de 11 anos", diz ela. "A própria classe pediu o círculo. Soubemos que os pais do garoto eram separados e que o pai não o visitava havia anos. O juiz convocou-o, ele compareceu, assim como os avós da criança. Pudemos perceber a felicidade do garoto ao ver o pai, e esse estado de espírito foi crucial para um acordo"... "O círculo faz com que as crianças percebam que, em outras circunstâncias, já estiveram ou poderão estar no papel do ofensor. Dessa forma, elas perdoam com mais facilidade".[67]

Como bem assinala Reales (2007), a justiça restaurativa ajuda a compreender a visão de cada indivíduo e seus sentimentos diante de um conflito, e também a encontrar saídas consensuais que permitem restabelecer/reconstruir a convivência (processo de formação cidadã). As práticas restaurativas partem de uma visão dos estudantes como sujeitos de direitos. Para garantir os direitos dos implicados é necessário prover um procedimento restaurativo que conduza, sobretudo, à restauração da dignidade perdida da vítima e lhe ofereça uma adequada reparação real (não necessariamente em termos materiais, senão em termos simbólicos e pedagógicos), assim como a reconstrução dos vínculos das partes envolvidas com a comunidade escolar, restaurando as relações de poder afetadas pelo incidente e para recuperar a harmonia necessária para garantir a convivência da comunidade escolar. Um enfoque restaurativo, que complemente o processo

---

[67] Com a Justiça Restaurativa, escolas aprendem que, em vez de punir, é melhor conversar para resolver os conflitos e reparar danos. Disponível em: <http://www.diganaoaobullying.com.br/new_site/noticias_2008/arquivo_not_2008/40_jr_2008.htm>. Acesso em: 7 set. 2010.

disciplinar/punitivo, permite a inclusão do agressor e da vítima no processo de restauração, de reparação, gerando respeito mútuo, recuperando o sentido de comunidade e a assunção da responsabilidade dos próprios atos.

Na maioria dos casos, as intervenções restaurativas são suficientes e eficazes para resolver o conflito e reparar os danos ("cessar-fogo"). Infelizmente, por vezes, deparamo-nos com situações em que a postura dos agressores é mais resistente e/ou francamente transgressora. Nesses casos, faz-se necessário ir além do diálogo no território escolar, indo buscar o auxílio de outros profissionais ou instituições, como o judiciário.

7. Iniciativas legislativas e políticas antibullying

No Brasil não houve ainda uma sensibilização ampla para a necessidade do desenvolvimento de iniciativas e políticas públicas específicas *antibullying*. O desconhecimento sobre o *bullying* segue sendo a regra, embora governos e escolas estejam começando a tomar consciência da gravidade do problema e criando medidas para combatê-lo.

Pesquisa da Plan Brasil aponta que a maioria das escolas no país não está preparada para coibir a prática do fenômeno. Com a pesquisa, verifica-se que os professores entendem que a violência está na maioria dos casos ligada a circunstâncias externas à escola. Ainda, o despreparo e a escassez de recursos materiais e humanos contribuem para a prática. Os profissionais de ensino alegam que as ações mais comumente adotadas pela escola são: 1) punir os agressores com advertência ou suspensão; 2) chamar os pais para conversar com a equipe técnica ou com o educador. Para eles, a segunda alternativa possui menor sucesso, vez que quase sempre os pais não comparecem à instituição de ensino.[68]

Nos últimos anos foram criadas leis municipais e estaduais sobre o tema, além de projetos de leis federais que tramitam no Congresso Nacional, tanto no sentido de prevenir a violência na escola como para criminalizar condutas e, notadamente, impulsionar políticas públicas sobre o tema em nosso país (já que inexiste lei federal em vigor sobre o assunto até o momento).

Em alguns estados (maioria) já existem leis prevendo medidas de enfrentamento ao *bullying*. Em Santa Catarina está em vigor a Lei Estadual n. 14.651/09 para "instituição do programa de combate ao *bullying*, de ação interdisciplinar e de participação comunitária nas escolas públicas e privadas do Estado". Em Mato Grosso do Sul está em vigor a Lei Estadual n. 3.887, que "institui o programa de inclusão de medidas de conscientização, prevenção e combate ao *bullying* escolar no projeto pedagógico elaborado pelas instituições de ensino no Mato Grosso do Sul".[69] No Paraná, está em vigor a Lei n. 17.335, que institui o "Programa de combate ao *bullying* nas escolas públicas e privadas no Estado do Paraná".

---

[68] PLAN. Fundação Instituto de Administração. Centro de Empreendedorismo Social e Administração em Terceiro Setor – CEATS. *Bullying* escolar no Brasil. Relatório final. São Paulo, mar. 2010. Disponível em: <www.promenino.org.br>. Acesso em: 22 mar. 2013.

[69] Lei de combate ao *bullying* entra em vigor nas escolas de Mato Grosso do Sul. ALMS, 10 maio 2010. Disponível em: <http://www.folhadoms.com.br/site/index.php?option=com_content&-view=article&id=18806:lei-de-combate-bullying-entra-em-vigor-nas-escolas-de-ms-&catid=1:ultimas>. Acesso em: 24 jun. 2010.

No âmbito municipal também existem inúmeras leis *antibullying*. Na Paraíba, há a Lei Municipal n. 11.381/08, que dispõe sobre o combate ao fenômeno; a prefeitura de São Paulo publicou em 11 de fevereiro de 2010 um decreto determinando que todas as escolas municipais da rede incluam em seus projetos pedagógicos medidas de conscientização, prevenção e combate ao *bullying* escolar,[70] Porto Alegre conta com a Lei Municipal n. 050/09, que "dispõe sobre o desenvolvimento de política *antibullying* por instituições de ensino e de educação infantil, públicas ou privadas, com ou sem fins lucrativos". A lei, no art. 3º, estabelece que "no âmbito de cada instituição a que se refere esta lei, a política *antibullying* terá como objetivos: [...] IX – evitar tanto quanto possível a punição dos agressores, privilegiando mecanismos alternativos como, por exemplo, os 'círculos restaurativos', a fim de promover sua efetiva responsabilização e mudança de comportamento".[71]

Há vários projetos de lei em trâmite no Senado Federal e na Câmara dos Deputados sobre o *bullying*. No Senado Federal tramitam o PL-68/2013, que "institui o Programa de Combate à Intimidação Sistemática (*bullying*)", e o PL-21/2013, que "altera o Decreto-lei n. 2.848, de 7 de dezembro de 1940 – Código Penal, para tipificar o crime de prática do *bullying* virtual"; Já na Câmara dos Deputados tramitam os seguintes projetos: PL-6504/2013, que "institui e estabelece a criação da campanha *antibullying* nas escolas públicas e privadas de todo o país, com validade em todo o território nacional; PL-3015/2011, que "institui o dia 7 de abril como

---

[70] CATASSANI, Lais. Celular vira ferramenta de *bullying*. *O Estado de S.Paulo*, São Paulo, 28 fev. 2010, p. A30.

[71] Para conhecer mais leis municipais *antibullying*, acesse: <https://bitly.com/bundles/leismunicipais/d>.

Dia Nacional de Combate ao *Bullying* e à Violência na Escola"; PL-2129/2011, que "altera a Lei n. 9.615, de 24 de março de 1988, para coibir o *bullying* no esporte"; PL-5369/2009, que "institui o Programa de Combate ao *Bullying*"; PL-4237/2008, que "obriga os funcionários de creches particulares e outras entidades de atendimento conveniadas com o Poder Público a notificar os casos de violência contra a criança e o adolescente aos Conselhos Tutelares, nos termos do art. 13 da Lei n. 8.069, de 13 de julho de 1990, e dá outras providências"; PL-1011/2011, que "define o crime de intimidação escolar no Código Penal Brasileiro e dá outras providências (tipifica o *bullying* como crime contra a honra)"; e o PL-1785/2011, que "acrescenta o inciso IX ao art. 12 da Lei n. 9.394, de 20 de dezembro de 1996 (Lei de Diretrizes e Bases da Educação Nacional), para incluir entre as incumbências dos estabelecimentos de ensino a promoção de ambiente escolar seguro e a adoção de estratégias de prevenção e combate ao *bullying*".

Quero deixar claro que leis apropriadas para reduzir o *bullying* são ferramentas importantes, mas desde que em conjunto com outras soluções. Medidas *antibullying* devem ser integradas de componentes preventivos e reativos.

A prevenção, através da conscientização/sensibilização sobre o *bullying* (por exemplo, palestras, jogos, reuniões, exibição de filmes ou confecção de cartazes), é de suma importância. Além do trabalho preventivo, as escolas devem interceder para mudar o relacionamento entre vítima e agressor, através de conversas, negociações, reunião com os pais, inclusive intervenções com o objetivo de promover a conciliação e restauração entre os envolvidos.

Já está mais do que na hora de os políticos e da sociedade como um todo tomarem consciência da importância do combate ao *bullying*. São importantes iniciativas e leis que tratem do problema com a missão de transformar a mentalidade de nossas crianças e jovens diante da violência que consome os melhores anos de sua vida, além dos prejuízos sobre o processo de aprendizagem, razão de ser da instituição escolar. A imprensa e os grandes veículos de comunicação também têm como tarefa divulgar o assunto, contribuindo para a conscientização de toda a sociedade. Somente desta forma poderemos despertar as autoridades e exigir delas a criação de políticas capazes de prevenir o *bullying* e/ou minimizar os efeitos individuais e coletivos desse fenômeno.[72]

---

[72] Cf. SILVA, 2010, pp. 119-120. Ainda, segundo a autora (p. 162-163), para começar a virar esse jogo, as escolas precisam, inicialmente, reconhecer a existência do *bullying* (em suas diversas formas) e tomar consciência dos prejuízos que isso pode trazer para o desenvolvimento socioeducacional e para a estruturação da personalidade de seus estudantes. Como segundo passo, mas não menos importante, as escolas necessitam capacitar seus profissionais para a identificação, o diagnóstico, a intervenção e o encaminhamento adequado de todos os casos ocorridos em suas dependências. Em terceiro lugar, as instituições de ensino têm o dever de conduzir o tema a uma discussão ampla, que mobilize toda a sua comunidade (e seu entorno), para que estratégias preventivas e imediatas sejam traçadas e executadas com o claro propósito de enfrentar a situação. Para tanto, é preciso também contar com a colaboração de consultores externos, especializados no tema e habituados a lidar com a questão, entre eles, incluem-se profissionais de diversas áreas, como pediatras, psiquiatras, psicólogos e assistentes sociais. É também imprescindível o estabelecimento de parcerias com instituições públicas ligadas à educação e ao direito, dentre as quais destacamos: Conselhos Tutelares, Delegacias da Criança e do Adolescente, Promotorias Públicas, Varas da Infância e Juventude, Promotorias da Educação. O somatório de forças é capaz de multiplicar a eficácia e a rapidez das medidas tomadas contra o problema.

Considerações finais

Nota-se que no Brasil a maior parte das escolas (e pessoas) desconhece o fenômeno, assim como sua gravidade e abrangência. A grande maioria das escolas ainda não está preparada para combater esse fenômeno destrutivo nem para lidar com seus personagens. Não possuem programas permanentes, fazendo apenas intervenções pontuais, o que é insuficiente.

Ainda são poucas as leis de combate ao *bullying* e há poucos casos de condenação judicial. Não obstante as iniciativas em adotar uma política de prevenção e combate a esse tipo de violência, ainda há muito a ser feito. Enfim, as práticas de *bullying* estão bem arraigadas em nossa cultura e não será uma tarefa fácil eliminá-las.

Por isso, para fazer frente a este tipo de comportamento é fundamental o desenvolvimento e apoio de programas *antibullying* (investimentos, esforços, ações conjuntas), com o uso de todos os meios que a sociedade dispuser, de forma a envolver toda a comunidade escolar em parceria com as diversas instituições e membros da sociedade (autoridades ligadas à educação, segurança pública, saúde), inclusive com apoio dos meios de comunicação preocupados e interessados no problema, para, em conjunto, buscarem programas/ações informativas (identificação), preventivas (evitando que ele ocorra) e combativas (nos casos já instalados) perante os casos de *bullying*. E é assim que deve ser, já que nenhuma escola está imune a isso.

A justiça restaurativa se apresenta e vem demonstrando ser uma intervenção eficaz em casos de *bullying* escolar e em outros comportamentos nocivos (manejo de conflitos de forma pacífica e construtiva).[73] Transformar a cultura punitiva em uma cultura restaurativa constitui-se ainda um grande desafio para todos (mas a semente já foi lançada).

Por fim, este ensaio é a forma que encontramos para demonstrar nossa indignação e não permitir que o silêncio faça com que o caso de Vijay Singh se torne realidade: "Segunda-feira – tiraram meu dinheiro/ Terça-feira – me xingaram/ Quarta-feira – rasgaram meu uniforme/ Quinta-feira – meu corpo está coberto de sangue/ Sexta-feira – está terminado/ Sábado – liberdade" (última página do diário do menino Vijay Singh, 13 anos. Sábado foi o dia em que Vijay foi encontrado morto, enforcado em sua casa, em Manchester – Inglaterra, em 1997).

---

[73] Todavia, algumas outras ferramentas também contribuem para a diminuição da incidência dos casos de *bullying* de muitas formas, seguem algumas propostas e atividades: a) divulgação e apresentação do fenômeno para alunos, professores e funcionários, através de seminários, palestras, debates, campanhas, livros, filmes; b) desenvolver rodas de conversa na sala de aula sobre preconceito e respeito ao próximo; c) criar um veículo de comunicação seguro para denúncias destes casos na escola; d) propor um manual (cartilha) *antibullying* formulado pelos alunos e professores; e) grupos de estudos; f) dinâmicas em grupos; g) orientação aos pais, alunos e professores com cartilhas; h) vídeos com o tema; i) usar evidências científicas disponíveis na literatura especializada e nas experiências exitosas desenvolvidas em outros países; j) criar um folheto explicativo para colocar no mural da classe. Os pais, como agentes ativos na formação dos jovens, também podem contribuir da seguinte maneira: a) conversar com seus filhos sobre o fenômeno; b) observar sinais que indiquem um possível envolvimento de seus filhos com o *bullying*; c) estar presente na vida de seus filhos como educadores e amigos; d) possuir algum vínculo de comunicação com a escola para que possa ter ciência do comportamento de seu filho longe de casa; e) educar seus filhos desde pequenos para um mundo que é de todos, e não centrado apenas nos seus desejos, vontades e realizações. Tudo com o objetivo de reduzir o problema (cf. CAMARGO, 2009, pp. 84-85).

Referências

ABRAPIA – Associação Brasileira Multiprofissional de Proteção à Infância e Adolescência. Disponível em: <http://www.bullying.com.br/BConceituacao21.htm#OqueE>. Acesso em: 17 nov. 2008.

AMSTUTZ, Lorraine Stutzman; MULLET, Judy H. *Disciplina restaurativa para escolas:* responsabilidade e ambientes de cuidado mútuo. Trad. Tônia Van Acker. São Paulo: Palhas Athena, 2012.

BEANE, Allan. Entrevista. Tão jovens, tão cruéis. Arena de preconceitos. *O Estado de S.Paulo*, São Paulo, 31 out. 2010, p. J4.

BEAUDOIN, M. N. *Bullying e desrespeito*; como acabar com essa cultura na escola. Trad. Sandra Regina Netz. Porto Alegre: Artmed, 2006.

BRANCHER, L. *Justiça para o século 21*; instituindo práticas restaurativas. Manual de práticas restaurativas. Porto Alegre, 2008.

BULLYING. Violência que atinge as crianças. Portal do Instituto Brasileiro de Ciências Criminais (IBCCRIM). Disponível em: <www.ibccrim.org.br>. Acesso em: jun. 2010.

BULLYING ESCOLAR NO BRASIL. Relatório final. Pesquisa Plan Brasil. São Paulo: CEATS/FIA, 2010. Disponível em: <http://www.promenino.org.br/Portals/0/pesquisabullying.pdf>. Acesso em: 16 jan. 2014.

CABALLERO, Danysabel. La Violencia en las escuelas. Evaluación del Clima del Aula en las Escuelas Primarias Públicas del Corregimiento de San Felipe. 2009. 190p. Tesis (Doctorado en ciencias de la educación con orientación en educación social y desarrollo humano) – Decanato de Postgrados – Universidad Especializada de Las Américas, Panamá, 2009.

CAFARDO, Renata. Perseguição preocupa escolas. *O Estado de S.Paulo*, São Paulo, 14 mar. 2005, p. A11.

CALHAU, Lélio Braga. *Bullying, o que você precisa saber*; identificação, prevenção e repressão. Niterói: Impetus, 2009.

CAMARGO, Carolina Giannoni. *Brincadeiras que fazem chorar*; introdução ao fenômeno *bullying*. São Paulo: All Print, 2009.

DEVOE, Jill F.; KAFFENBERGER, Sarah. *Student Reports of Bullying*; Results From the 2001 School Crime Supplement to the National Crime Victimization Survey. Statistical Analysis Report. U.S. Department of Education, National Center for Education Statistics. Washington, DC: U.S. Government Printing Office, 2005.

ESCOREL, Soraya Soares da Nóbrega; BARROS, Ellen Emanuelle de França. *Bullying não é brincadeira*. João Pessoa/PB: Gráfica JB, 2008, 21p.

FANTE, Cléo. Fenômeno *Bullying*; como prevenir a violência nas escolas e educar para a paz. São Paulo: Verus, 2005.

_____. *Bullying* escolar: a prevenção começa pelo conhecimento. *Jornal Jovem*, n. 11, set. 2008. Disponível em: <http://www.jornaljovem.com.br/edicao11/convidado02.php>. Acesso em: 2 out. 2008.

_____; PEDRA, José Augusto. *Bullying* escolar; perguntas e respostas. Porto Alegre: Artmed, 2008.

FELIZARDO, Aloma Ribeiro. *Cyberbullying*; difamação na velocidade da luz. São Paulo: Willem Books, 2010.

FELIZARDO, Mário. O fenômeno *bullying*. Disponível em: <http://www.diganaoaobullying.com.br/biblioteca/artigo_mario.pdf>. Acesso em: 27 out. 2009.

FIGUEIRA, Israel Silva. *Bullying*: uma forma de abuso de poder e vitimização entre alunos. In: SÉGUIN, Elida. *Vitimologia no terceiro milênio*. Rio de Janeiro: Forense, 2004.

FIGUEIRA, Israel; NETO, C. *Bullying*; o problema de abuso de poder e vitimização de alunos em escolas públicas do Rio de Janeiro. Dissertação (Mestrado em Desenvolvimento da Criança). Rio de Janeiro, Programa de Pós-Graduação – Universidade Técnica de Lisboa, 2002.

GOMES, Luiz Flávio; SANZOVO, Natália Macedo. *Bullying e prevenção da violência nas escolas*; quebrando mitos, construindo verdades. São Paulo: Saraiva, 2013.

MINISTÉRIO DA EDUCAÇÃO. Instituto Nacional de Estudos e Pesquisas Educacionais Anísio Teixeira, Fundação Instituto de Pesquisas Econômicas. Estudo sobre ações discriminatórias no âmbito escolar. São Paulo, 2009.

MONTEIRO, Lauro. O que todos precisam saber sobre o *bullying. Jornal Jovem*, n. 11, set. 2008. Disponível em: <http://www.jornaljovem.com.br/edicao11/convidado03. php>. Acesso em: 2 out. 2008.

MORRISON, Brenda. *Bullying* escolar e justiça restaurativa; compreensão teórica do papel do respeito, orgulho e vergonha. Trad. João Morris e Clara Terra. Justiça 21. Disponível em: <www.justica21.org.br>. Acesse em: ago. 2010.

NETO, Aramis Lopes. *Bullying*: comportamento agressivo entre estudantes. Rio de Janeiro, *Jornal de Pediatria*, v. 81, nov. 2005, pp. S164-S172. Disponível em: <http://www.scielo.br/scielo.php?pid=S0021-75572005000700006&script=sci_arttext>. Acesso em: 15 nov. 2009.

OLWEUS, Dan. *Conductas de acoso y amenaza entre escolares*. Madrid: Morata: 1998.

PLAN. Um milhão de crianças sofrem violência escolar por dia. Disponível em: <http://www.plan.org.br/noticias/conteudo/um_milhao_de_criancas_sofrem_violencia_escolar_por_dia-204.html>. Acesso em: 7 out. 2008.

PESQUISA NACIONAL ESCOLAR. Instituto Brasileiro de Geografia e Estatística (IBGE). Rio de Janeiro, 2013. Disponível em: <http://www.ibge.gov.br/home/estatistica/populacao/pense/2012/pense_2012.pdf>. Acesso em: 16 jan. 2013.

PRINCESA é vítima de *bullying. O Estado de S.Paulo*, São Paulo, 28 fev. 2010, p. A4.

PRUDENTE, Neemias Moretti. *Justiça restaurativa, experiências brasileiras, propostas e Direitos Humanos*. Florianópolis: Bookess, 2013, 479p.

_____. *Bullying* e sua tipificação no projeto de novo Código Penal (PL 236/2012). Porto Alegre, *Jornal Estado de Direito*, n. 38, abr. 2013, p. 23.

REALES, Clara Elena. La formación en derechos humanos y la justicia restaurativa como una alternativa al manejo de La intimidación escolar. Disponível em: <http://psicologia. uniandes.edu.co/intimidacion/paginas/Descargas/clararreales.pdf >. Acesso em: 20 set. 2010.

ROLIM, Marcos. *Bullying*; o pesadelo da escola – um estudo de caso e notas sobre o que fazer. Dissertação (Mestrado em Sociologia) – Programa de Pós-graduação em Sociologia. Porto Alegre: Universidade Federal do Rio Grande do Sul, 2008, 174p.

ROSA, Alexandre Morais da; PRUDENTE, Neemias Moretti. *Bullying* escolar e justiça restaurativa. *Boletim IBCCRIM*, São Paulo, Ano 17, n. 207, pp. 10-11, fev. 2010.

SILVA, Ana Beatriz Barbosa. *Bullying*; mentes perigosas nas escolas. Rio de Janeiro: Objetiva, 2010.

SZYMANSKY, Maria Lídia; GONÇALVES, Josiane Peres; DAMKE, Anderléia Sotoriva; KLIEMANN, Marciana Pelin. O *bullying* no contexto escolar: a omissão da escola. Disponível em: <http://www.catedra.ucb.br/sites/100/122/00000813.pdf>. Acesso em: 20 out. 2010.

THOMAS, Milene Ferrazza. Tirania: combatendo o *bullying* escolar. *Folha de Londrina*, Londrina. Disponível em: <http://www.bonde.com.br/folha/folhad.php?id=29336LINKCHM dt=20080422>. Acesso em: 22 abr. 2008.

WRIGHT, Martin; FOUCAULT, Orlane. Justiça restaurativa como justiça baseada na comunidade. In: PROJECTO DIKÊ. *Seminário Internacional*. Lisboa: APAV, 11 set. 2003, pp. 85-93.

Links

<http://www.abrapia.org.br>
<http://atualidadesdodireito.com.br/neemiasprudente>
<http://www.bullying.com.br>
<http://www.bullying.pro.br>
<http://www.bullynobullying.blogspot.com>
<http://www.bullyingcyberbullying.com.br>
<http://www.infodireito.blogspot.com>
<http://www.justicarestaurativaemdebate.blogspot.com>
<http://www.observatoriodainfancia.com.br>
<http://www.safernet.org.br/site>

Impresso na gráfica da
Pia Sociedade Filhas de São Paulo
Via Raposo Tavares, km 19,145
05577-300 - São Paulo, SP - Brasil - 2015